夢參老和尚主講
方廣編輯部整理

大方廣佛華嚴經
八十華嚴講述 9

賢首品

目錄

夢參老和尚略傳

夢參老和尚生於西元一九一五年，中國黑龍江省開通縣人。

一九三一年在北京房山縣上方山兜率寺出家，法名為「覺醒」。但是他認為自己沒有覺也沒有醒，再加上是作夢的因緣出家，便給自己取名為「夢參」。

出家後先到福建鼓山佛學院，依止慈舟老法師學習《華嚴經》，該佛學院是虛雲老和尚創辦的；之後又到青島湛山寺學習倓虛老法師的天台四教。

一九三七年奉倓老命赴廈門迎請弘老到湛山寺，夢參作弘老侍者，以護弘老生活起居半年，深受弘一大師身教的啓發。

一九四〇年起赴西藏色拉寺及西康等地，住色拉寺依止夏巴仁波切學習西藏黃教修法次第，長達十年之久。

一九五〇年元月二日即被令政治學習，錯判入獄長達三十三年。在獄中，他經常觀想：「假使熱鐵輪，於我頂上旋，終不以此苦，退失菩提心。」這句偈頌，自我勉勵，堅定信心，度過了漫長歲月。

一九八二年平反，回北京任教於北京中國佛學院。

一九八四年接受福建南普陀寺妙湛老和尚、圓拙長老之請，離開北京到廈門南普陀寺，協助恢復閩南佛學院，並任教務長。

一九八八年旅居美國，並數度應弟子邀請至加拿大、紐西蘭、新加坡、香港、台灣等地區弘法。

二〇〇四年住五台山靜修，農曆二月二日應五台山普壽寺之請，開講《大方廣佛華嚴經》（八十華嚴），二〇〇七年圓滿。

二〇〇九年以華梵大學榮譽講座教授身份來台弘法，法緣鼎盛。

八十華嚴講述 總敘

二〇〇四年早春，夢參老和尚以九十嵩壽之高齡，在五台山普壽寺如瑞法師請法下，發願講述《大方廣佛華嚴經》，並以五百多個講座圓滿；前後又輔以〈大乘起信論〉、《大乘大集地藏十輪經》、《法華經》等大乘經論，完整開演華嚴甚深奧義，實為中國近代百年難得一遇的殊勝法緣。

回顧 夢參老和尚一生學法、求法、受難，乃至發願弘法度生，儼然是一部中國近代佛教史的縮影；而老和尚此次開講《華嚴經》，剛毅內斂，猶如屋漏痕渾然天成，將他畢生所學之顯密經論、華嚴、天台義理，搭配清涼國師、李通玄長者的疏論，交插貫穿於其中，層層疊疊，彷若千年古藤，最終將華嚴七處九會不思議境界全盤托出。

夢參老和尚為圓滿整部《華嚴經》，以堅忍卓絕的意志力，克服身心的重重障礙；他不畏五台深山的大風大雪，縱使在耳疾的折磨下，也能夠對治一切病苦，包容一切的順逆境界，堅持講經說法不令中斷，寫下中國近代佛教史上九十歲僧人開講《華嚴經》的紀錄。

老和尚雖老耄已至，神智依舊朗澈分明，講法次第有序，弘法音聲偉岸，陞座講經氣勢十足，宛如文殊菩薩來臨法座加持，令親臨法會者信心增長；無緣親臨法會者，相信透過閱讀整套的八十華嚴講述，也能如臨現場親聞法義。

惟華嚴玄理過於高遠，聞法者程度不一，老和尚為方便接引初入門者，往往費盡心思，委委曲曲，勤勤懇懇，當機裁剪玄義，又輔之以俚語民間典故，情無不周，辭無不達，俾使初學者聽聞華嚴境界生起學法的信心；間或有不識老和尚悲心者，輕易檢點過失，如指窮於為薪，闇然不知薪燼火傳的法界奧義。

如今海內外各地學習華嚴經論者與日俱增，持誦《大方廣佛華嚴經》的道場方興未艾，方廣文化繼出版整套八十華嚴講述DVD光碟之後，秉承 夢參老和尚殷重之交付囑託，在專修華嚴法門出家法師的協助下，將陸續出版全套八十華嚴講述書籍。

最後願此印經功德，迴向真如實際、菩提佛果、法界眾生。

祈願 夢參老和尚長壽住世，法緣鼎盛，障礙銷除，廣利羣生；所有發心參與製作、聽聞華嚴法義者，福慧增長，同圓種智！

願此功德殊勝行
無邊勝福皆迴向
普願沉溺諸有情
速往無量光佛剎

凡例

本書的科判大綱是以〈華嚴經疏論纂要〉爲參考架構，力求簡要易解，如欲學習詳密的科判，請進一步參考清涼國師〈華嚴疏鈔〉與李通玄〈華嚴經合論〉。

書中的經論文句，以民初鉛字版《大方廣佛華嚴經》（方廣校正版《八十華嚴》）暨〈華嚴經疏論纂要〉爲底本；惟華嚴經論的名相用典，屬唐代古雅風格，與現代習慣用詞大相逕庭，尙祈讀者閱讀之餘，詳加簡擇。

凡書中列舉的傳說典故，係方便善巧，以得魚忘筌爲旨趣；有關文獻考證，僅在必要處以編者按語方式，註明出處。

夢參老和尚主講之〈八十華嚴講述〉正體中文版 DVD 光盤，業已製作完成，流通日久；惟影像的講經說法與書籍的文字書寫，呈現方式有所差異，爲求義理結構的完整敘述，書中文字略經刪改潤飾，如有誤植錯謬之處，尙祈不吝指正，是爲禱！

方廣文化編輯部 謹誌

賢首品

○來意 釋名 宗趣

現在〈淨行品〉講完了，清淨信圓成。但是只有信心不行，還要去作。〈賢首品〉就是實行，就是修行，修行就是觀行。行是依著觀力而來的，行必須有德；因為信就具足德，沒有信心，修華嚴行是不可能。因為你聞〈淨行品〉之後，對於華嚴入門的方法已經具足了，以你信的德，也就是行道有得於心的信，德就發生作用。

前面講智首菩薩，那是舉果德證因，證明因行。文殊師利菩薩在因地當中廣顯你的因怎麼做。一百四十一願就是因行，這些你都能做得到，就得到聖妙功德，逐漸的進入佛位，信圓滿了，就到了住。〈賢首品〉教授我們的方式，是你怎麼樣去作。「體性至順調善曰賢」，相信自己的性體，隨順性體，這個就叫「賢」。隨順你自己的性體，具足性體，就叫「賢」。「吉祥勝德超絕名首」，因行賢吉祥，我們經常說吉祥如意，妙吉祥！吉祥就顯勝德。勝德者就是為「首」，賢首菩薩是達到自性具足的性德，這位菩薩所演說的法，就是〈賢首品〉。

此品的目的，讓我們達到什麼呢？普賢的性德，普賢的行德。普賢的性德、自在妙用的莊嚴，而能安立建立一切眾生，令一切眾生都能圓融無礙的進修定、慧，也就是止觀。天臺智者大師依著這一品，建立圓頓止觀。大家學習的天臺止觀是依

〈賢首品〉而建立的。菩薩，發大道心的修道者，他能夠聞到圓滿、圓融、無礙、自在。前面所講的信心是圓信，圓滿的信心而起的修行，叫圓行。圓行，就是圓滿、通達、圓融、無障礙。行圓行者一定住於圓位，以圓滿的功德，莊嚴自己的法身，以圓滿的智慧力量建立一切衆生。之所以稱華嚴宗是圓滿教義，因爲它是圓法，從開始就是圓。起圓信、行圓行、住圓位、得圓德、起圓用，都用圓融來貫穿。聞到法是什麼法呢？生死即涅槃，生死的色身就是法身。煩惱即菩提，煩惱就是般若，煩惱就是智慧，智慧是依著煩惱而產生的智慧，煩惱是依著智慧。

現在我們是具縛的凡夫，受惑業所束縛，在《華嚴經》講，你的業果就是解脫，這個道義是很深的。般若解脫就是達到究竟的佛果，般若的清淨就是解脫自在。你聽到一切法，一切都是圓法。怎麼樣起圓信呢？信一切法即空，一切法都是空的，在體性上一切法不能建立的，是空的。依著空而建立一切有，這個有是假的，不是眞實的，依著空而建立的有。云何達到空有之中？空和有，就是中道義，空假中三觀，就是三觀，沒有三觀而立三觀，就是沒有空假中，而立空假中。所立的不是眞實的，而是妙有的，妙有非有，就是眞空，一而三非三，一而三即三，這樣才能進入中道，這樣能達到究竟清淨自在。

能夠聞到這種甚深的法不疑惑，還不用說你進入、信了，只要你不懷疑，理解到空性就如是！聞著甚深的法、廣大的法，你沒感覺有什麼奇異，一切法原本就如是，這叫眞正的勇猛精進，這樣的信才叫圓信。信一切法就如是，什麼叫圓信？這樣就叫圓信。什麼叫行呢？圓教所立的修行，直至無上菩提，不求其餘諸法，專求無上菩提。不爲人天果報，聲聞、緣覺、權乘的諸佛菩薩，唯依最上乘發無上菩提心，究竟達到無上的佛果，這叫圓行。

圓信跟一般的信佛、信法、信戒、信定、信慧不一樣，這叫圓信。圓行是專求無上菩提，不趣向三諦的各別修行。這種修行所起的德和用，就是性德所起的體用，這就叫圓行。聞到《大方廣佛華嚴經》而不起疑惑，信一切法就如是，這是不可思議的。在《金剛經》講，聞此法而不驚怖，能夠信受者，那是講功德，功德無量無量！《華嚴經》不講功德，因爲功德是自性本具的。這個將來學十玄門，同時具足，無障礙的境界，依著這個而起的信，依著這個信而起的行。

這就是〈賢首品〉要講的道理，開始行。爲什麼這位菩薩叫「賢首」？依著這位菩薩的名字而立這一品，因爲他所說的法跟他所行的法，都是叫「賢首」。什麼意思呢？「信解如來因果」，《華嚴經》開始講的時候，都是講如來的果德，講完了如來的果德讓你信，信如來的果德就如是，信如來的因果。行呢？依著如來的因果所行，普賢菩薩的五位行法。這樣來調和我們的身、調和我們的心，以此來調和身心，這叫生起身心的正念。集一切如來的善根，所有思念的，常時念的，就是利益眾生，沒有其他，念念都在利益眾生，這就是「賢」。從凡夫開始就能夠彰顯、頓入法界，知道一切諸佛的因果理智，一時的頓現，這叫「首」。賢首者，乃至於佛果海文殊、普賢之行的賢首，「信佛因果理智之首，圓滿法界解行無始終之首」。這一品就講這個，所以叫〈賢首品〉。以文殊菩薩、普賢菩薩的果行，證果而後起因行，成信之初，就叫「賢首」。

前一品明十信位菩薩，十信位菩薩所修的法門是什麼法門？十信菩薩所修的法門就是一百四十一願。文殊師利菩薩教我們修的淨行一百四十一願，這是信位所修的行和願。獲得了信位的利益，再向前進修，是住位的菩薩。有的從大乘圓教退墮爲三乘！在〈大乘起信論〉講三種發心，信成就發心、解行發心、護正法發心。信成就發心，得經過多長時間呢？得經過一萬劫，信成就而發心修行善根相續心不退，得經過一萬劫才能達到不退位；不退位是指信心滿心，入了初住。初住以後，叫解行發心。一切依著佛所教授，文殊普賢的教授，自己生起的大悲，或者看見正法欲滅了，一個護法的發心，護正法的發心，這是信成就而發心得入正定，證明住如來種性再不退了，這叫位不退。

我們現在是什麼位置呢？信心還沒有具足，信信退退，因爲沒進入位不退，沒進入位不退就是信心還沒有圓滿，這叫信成就發心。理解圓滿的教義而去行，叫解行發心。依佛菩薩的教授自己起大悲心，護持正法，這樣得入正定聚，永遠再不退墮，住如來種性，這叫不退發心。信、解、行，還有一個是證，證發心。有的衆生從久遠以來，煩惱深厚，雖然遇見佛也能供養佛，但是，他起的種子不是圓滿的種子識，而是人天乘的種子，或者是了生死證空寂，證得的不是涅槃、證得的是空寂。這個涅槃跟佛的涅槃不一樣，叫二乘種子。即使他發心求大乘，根則不定，這叫不定聚的眾生。對大乘義，進進退退、退退進進，今生發心了，來生又退了，他又經過來生，這麼來回退退墮墮，他的解行不能得到眞實。同時，他有簡擇心，有取有捨，所以，位還是要退。在〈大乘起信論〉，若人修行一切善法，自然歸順眞如法，要信一切善法，修行一切善法，歸順眞如法，這個得假善巧方便。

方便有四種，第一種是行根本方便。什麼叫根本方便呢？觀一切法的自性無生，無生故無滅。無生無滅離於妄見，根本方便，離於妄見，不住生死。觀一切法都是因緣和合的，業果不失，起於大悲，修諸福德，攝化眾生。起於大悲，所以他不住生死，教化眾生，不住涅槃，既不住生死也不住涅槃。順法性無住故，法性是無住的，這叫根本方便。就是什麼呢？觀自性無生、無滅、無住，離於妄見。

第二種是能止方便，常具悔過之心。經常慚愧，這樣經常慚愧，能有悔過之心者，能止一切惡法，使一切惡法不令他再增長，隨順法性沒有過患。第二種方便，能止惡行善。

第三種是發起善根增長方便，善根永遠增長。怎麼樣增長善根呢？精勤、供養、禮拜三寶，讚歎三寶，隨喜三寶，勤修諸佛的法門，以愛敬三寶的這個心，使他的信逐漸增長。信增長了，常時求佛無上的道，求佛無上的大道理。因此三寶加持力，佛法僧力所護，三寶力所護故，能消業障善根不退，以隨順法性，離於癡障故。我經常對受三皈的道友們，叫他們隨時憶念三寶，晝夜二十四時！如果不能這樣憶念，在你臨睡眠的時候，在剛一覺悟的時候，不離開念三寶的念，念念相應，這叫善根增長的方便。

第四種是大願平等方便。發願願盡未來際化度一切衆生，令一切衆生達到成佛，因爲這是隨順法性，法性廣大如是，徧一切衆生，平等無二。不念彼此，沒有怨親、沒有厚薄，眞正的平等平等，究竟寂滅，究竟達到成佛。菩薩最初發意，發如是心。由發心故而能見到少分的法身，因爲見到法身隨他的願力，能現八相成道利益衆生。這是你十信滿心，登了初住位的時候，相似見法身，沒有證得法身，相似！那麼要發大願，隨他願力。像我們經常讀誦〈普賢行願品〉，這是發大願力。以這種願力的緣故，能夠示現，像釋迦牟尼佛在娑婆世界，在南閻浮提示現八相成道。但是這個菩薩不叫法身大士，因爲還沒有證得，不叫法身大士。在過去無量世，他的業還沒有決定斷除，這個時候只是降伏不是斷除，初住的菩薩還有微少的苦相應。

在華嚴經論裡，這位菩薩是少分的得見法身，就是信滿入了十住位，十信滿心入了十住的初住，叫發心住。雖然位很低，但是他過去的發心願力，願成佛故，這是一乘，無上乘的發心。經過十信的發心，就是初發心時便成正覺，所以，普賢菩薩法身微細的微塵毛孔，重重無盡，隨根本智的行果，生起來的信心！這個信心，信諸佛之果。

我們在第二會、在普光明殿，講果滿的時候，從初住開始，行因達到果滿。就是從他初住修行以來，自己覺悟這種妙理，前面我們講佛的十智，十種菩薩，文殊師利的十智菩薩，自心所信的還是自心，自心具足佛智，佛智即是自心。文殊師利標明自心的自利，無分別的妙慧，以這個心為信心，信十方一切諸佛的佛果、妙德。十方諸佛所說的法門，四聖諦，就是三世諸佛所說的法門，明如來的智慧光明境界，徧照法界，沒有盡極。因這個發的信心，以圓觀、觀想觀知，令他的心量廣博，跟佛境相似，因此在百界示現成佛。前面講〈菩薩問明品〉，十信位菩薩所行的十種法，他所行的法是什麼？〈淨行品〉一百四十一大願，這就是十信心菩薩所發的大願，所起的大悲法門，所具足的普賢行願。

到了〈賢首品〉，十信位的菩薩，所有忻求佛果的功德，無有盡極，沒有窮盡，這就說明了初發信心，持受文殊所教授的〈淨行品〉功德。勝過你誦〈淨行品〉的功德，勝過了供養十佛剎微塵數佛，等於你供養十佛剎微塵數佛，供養好多時間呢？一劫。誦〈淨行品〉，之後再從〈淨行品〉生起理解，理解就是解行，光是信不行，信、解、行，之後才能證，信解行證。所以在初住、初發心的時候叫發心住。才一發心，他的法身徧滿十方，能示現成正覺，初發心時便成正覺，這叫十住位的初發心住。

初發心的這個心是什麼心呢？成佛度衆生。所以《華嚴經》發了十信心，但是十信位要修一萬大劫，才能夠到位不退，位不退就是十信滿心。

〈賢首品〉講，登了位不退，不會退墮二乘，更不會退墮凡夫，這叫法界不思議乘，又叫一切智乘而發心，唯依自性的佛性。這發什麼心呢？初發心住發的菩提心，這個菩提心的境相是什麼呢？不依佛、不依佛法、不依菩薩法、不依聲聞法、不依獨覺法、不依世間法、不依出世間法而發其心。那依什麼呢？無所依，這叫不思議，叫一切智。發心的時候，不依佛、不依佛法、不依菩薩法、不依聲聞法、不依獨覺法、不依世間法、不依出世間法，而發其心，但無所依而發其心。

這心怎麼發的？依著一切智發的菩提心，不如三乘依物故發菩提心，不依三祇劫而有佛果發菩提心，不依現在三世有佛果故發菩提心，以是義故如是信者，皆無有退，所以他永遠不退，不再退回二乘。他信的是什麼呢？信的自己身心。幻化的色身就是法身，現在這個妄心就是眞心，這個心等法界虛空界，這個色身徧滿虛空。因爲法性恆徧故。這是說信，是初發住菩薩所發的心。我們現在發的心呢？沒有達到這種境界，因爲我們還沒有入住位。

這樣的信解，這樣的理解，當得成佛。初發心住還近於信住之間，達到住位，圓滿十信，能眞正進入法身的體和用。身心皆無依住！住，住在何所？位也無有退，退到如何？皆依法性體故，這是《華嚴經》所說的，總說法界一眞法界的體、用、理、智，法身的體、用、理、智。這樣生的信解，這樣生起的信心，這樣眞正理解佛的道理。

〈大乘起信論〉說初發心能夠得到位不退，沒有登住，那就退位。退位，就是位不定，十信是沒入位的。位不退是說，你所得到的一定能證得，究竟達到成佛，這叫不思議乘，又叫一切智無依住乘。乘是運轉義，一切智無依住，沒有運轉義，這時候發菩提心再不退了。以前說退，是因爲他的信心不成，所以才有退，現在信心成就了，到了初住，住了位不退。對於佛所教授的法，如來所乘，他已經有所得，得到如來乘。無所取捨，十信位的菩薩他的信還沒成。有取、有捨，經常患得患失，所以不入信流，不能算是信位的菩薩，沒入於信位的流。

又者《華嚴經》上說，設有菩薩經過無量百千那由他劫，行六波羅蜜法，具足六種神通，由於未聞此《大方廣佛華嚴經》故，猶名假名菩薩，不是眞實菩薩。雖然聞到不信不入，這是〈賢首品〉要辨別的，不信不入，所以〈賢首品〉中「一切世界諸群生，少有欲求聲聞乘，求獨覺者轉復少，趣大乘者甚難遇，趣大乘者猶爲易，能信此法倍更難。」剛才我說這個法，能夠信入、不用解、行、證，只要能夠信入，已經入佛種性。信此法者入更難，信華嚴教義的法，非常之難。

「有以手擎十佛剎，盡於一劫空中住，彼之所作未爲難，能信此法倍更難。」華嚴這種教義，很難信入。說他的神通妙用，手擎十佛剎，在空中住上一劫，這個不為難，能信華嚴者最為難。《華嚴經》上普賢菩薩這樣說，但聞如來名號及所說的法門，聞而不信，只聽到了不信，這是普賢菩薩說的，將來亦能成金剛智種。光聞到了不信，現在不信，將來一定能得信。就像吃了金剛，能化得了嗎？就像你聞到《華嚴經》，永遠不會退墮、永遠不會化；雖然因很遠，但是能不退。這是說因是種下了，現在不信，將來經過一劫，他一定能信入的，這就是〈賢首品〉的大意。

○釋文

◎文殊發起

前面盡講因緣、比喻，大家聽到好像能夠進入，其實還沒入《華嚴經》。現在開始進入〈賢首品〉，這是文殊師利菩薩問、賢首菩薩答，就說了這一品經叫〈賢首品〉。發起者是文殊師利菩薩，〈淨行品〉說完了，文殊菩薩就問賢首菩薩。

爾時。文殊師利菩薩。說無濁亂清淨行大功德已。欲顯示菩提心功德故。以偈問賢首菩薩曰。

〈淨行品〉又叫「無濁亂清淨行大功德」，爲什麼勸大家學《華嚴經》時，每天讀〈淨行品〉？那是入如來法身，成就清淨大果。文殊師利菩薩說完〈淨行品〉，對賢首菩薩說，這叫「無濁亂清淨行大功德」，顯示發菩提心就有這麼大的功德。然後以偈頌來問賢首菩薩，以下是文殊師利菩薩問賢首菩薩。

我今已為諸菩薩　說佛往修清淨行
仁亦當於此會中　演暢修行勝功德

文殊師利菩薩對賢首菩薩說，我已經給這些菩薩說諸佛過去他們怎麼修清淨行的，我給他們說完了。「仁亦當於此會中」，「仁」是指賢首菩薩說的，仁者，你也在此法會當中，演暢一下修行的勝功德。

◎賢首廣說

爾時賢首菩薩。以偈答曰。

文殊菩薩勸請賢首菩薩，說一說修行成佛果的道理，「少言攝多義」，說的話不多，含的義理非常多。先是讚美詞，讚美賢首菩薩，我讓大家生淨信，讓大家怎麼修行，生了淨信要保持，有始必有終，只發願有清淨行，還得去做才能把勝妙功德顯示出來。這是請賢首菩薩說。賢首菩薩答覆文殊師利菩薩，他就受請而說。

善哉仁者應諦聽　彼諸功德不可量
我今隨力說少分　猶如大海一滴水

「善哉仁者」，是稱讚文殊師利菩薩，你今天問了，我就說一說。「應諦聽」，凡是聞這個法，都應當入理的諦聽。「彼諸功德不可量」，什麼功德呢？淨行的功德。「我今隨力說少分，猶如大海一滴水」。我只說一點點，就像整個大海只能說一滴，拿海來比喻。

若有菩薩初發心　誓求當證佛菩提
彼之功德無邊際　不可稱量無與等
何況無量無邊劫　具修地度諸功德
十方一切諸如來　悉共稱揚不能盡
如是無邊大功德　我今於中說少分
譬如鳥足所履空　亦如大地一微塵

先隨文說一說。仁者你這樣問，要我來說，我就簡單的說一點，無盡大海只能說一少分。假使有菩薩初發心，假使有要度衆生的人，發起成佛的心，又想讓一切衆生都成佛，自己誓求證佛菩提，又誓求一切衆生都能夠證到佛菩提。就這一個心哪，初發心的這個心，有好大功德呢？「彼之功德無邊際」。所以大乘教義，勸一切衆生發菩提心，《華嚴經》講到這裡，就是讓你發心，先說佛的果德，讚歎佛的果德，之後又說發心的功德。前面〈淨行品〉都是發心，之後，〈賢首品〉，賢首菩薩又說，初發心的菩薩想要成佛，就是誓求，發誓願要成佛菩提，就生起這麼一個心，還沒說你去做！那個功德不可思量，「無邊際」，無論怎麼樣顯示，怎麼樣表達，都表達不出來，「不可稱量」。「無與等」，沒有能與它相等的，發心的功德，想舉與它相等的，不可能。

「何況無量無邊劫，具修地度諸功德」。光一個發心就不可思量，再經過十住、十行、十迴向、十地諸位，每一位每一位，就他所修的位置，一位的一位的，那又怎麼能說得出來呢？那個功德就更多了。光一個發心的功德都說之不盡，還有他所行，行完了所證，一位一位的修行。不但我說不出來，「十方一切諸如來，悉共稱揚莫能盡」。十方一切諸佛，都來稱揚初發心的功德，讚歎說不完的，不能盡就是不能說完。如是無邊大功德，像這樣無量無邊的大功德，怎麼能說得了呢？「我今於中說少分」，僅僅說一點點。「譬如鳥足所履空，亦如大地一微塵」，鳥在空中飛，牠在空中，能計算出來嗎？如果大地的一個微塵，跟大地比，又怎麼能計算出來呢？這是什麼意思？說初發心的功德，就像大地似的，怎麼能顯得完呢？顯不完。鳥在空中飛，能知道飛出好多里、好多路嗎？計算不出來的。因此，欲想說明它的分齊是不可得的。發心修行的功德就像太空，就像大地，就像鳥履空，你在大地，就足下的微塵，你能知道踩了好多微塵嗎？從地到地基，到接近水，你說有好多微塵？

鳥在空中飛，牠所過處，你能知道好多遠，好多里？計算不出來的。爲什麼？虛空無邊際故。

我們發心是因，因所感的果更不可思議了。普賢菩薩的行、普賢菩薩的德跟佛果相同的，以虛空量都不可得。這是初發心住，這個發心是指初住的發心。十信滿心，登了初住，再發菩提心，這才叫眞正發菩提心。現在大家都發菩提心，那是沒入位的發心。登了初住再發心，叫發心住。十信滿心終極了，以這個爲本，再生起發菩提心，這個功德就不可思議了，這是十住初發心。這個發心，從發心到成佛，成就最初十住初發心的發心住，一共有三十位。等登初地，再發菩提心，那是證後發心，證得了又發心。我們現在也是發心，沒有這個發心，沒有第二個發心，就沒有初住的發心。沒有初住的發心，就沒有初地的發心。果後的發心，十方諸佛發心度衆生，那個發心跟這個發心又不同。

從我們現在得遇三寶的因緣，像《瓔珞經》上說，從現在的發心，之後經過十信，這個發心漸漸修行這個信心，經過很長時間，之後經過一個大劫，能夠登到初住，中間沒有斷絕，一直這麼修行，生生世世的，從來不退這樣發心，一直登了初住，位不退，再發心。從我們具足惑業、具縛的發心，這個發心還不認識三寶，沒有理解三寶的深義，知道佛菩薩的教法，生起這麼一念信！這個信，知道皈依三寶，發菩提心，這是凡夫初發心；乃至於經過十信位，經過一萬大劫，登了初住，再發心，再發菩提心。又經過無量劫，修十住十行十迴向，到了初地，初地又發菩提心。十地圓滿了，又發普賢行願、文殊大智。這幾種發心的因緣是次第相成的，這種經義，在《瓔珞經》、《仁王護國般若波羅蜜多經》、〈大乘起信論〉、〈瑜伽師地論〉，專門論發心，彼此圓融通攝。《大品般若經》中，「一行具足一切行」，初發心時成正覺，如是二心初心難，就是把一切的諸法，從始到終，無邊的行海，發心修行。

這僅是緣起，一者緣起相由門。爲了行普賢行，具足文殊菩薩的大智，約用上說是有對待的，有有力的時候，有無力的時候，有相攝的時候，又有相入的時候，這是用。約體上來說，有體無體，有體是什麼體？無體是什麼體？相即相入。相即即是一，相即相入各各不同。首先是始具終，初發心就具足到成正覺，這叫始發心到終極圓滿。終極圓滿就是等覺後心，十通十忍十定。其次是終具始，終極的時候具足前面的。

第三是諸位齊收，一切位置，五十位一位一位的收。每一位又具足一切，從十住初發心住具足後面佛果，中間的十住十行十迴向十地，加等妙二覺都具足，就從一發心開始。第四是諸位皆泯。這種道理要加以思惟，要多作觀想，不要從文字相上來理解，在文字相上理解，你不能進入。初發心爲什麼具足那麼多德？具足一切德，等你看到下文〈初發心功德品〉，專門講發心具足的德。約法來說，只是一面，約事來說，開闊來說，一萬劫、兩萬劫乃至十萬劫，無窮無盡的，德海無邊。

二者法界融攝門，法是圓融無礙具德，菩薩所修行，以法而指引修行，也是要經過無量無量劫。就像善財童子五十三參，五十三位，一位一位的進入，他只是現生。在《華嚴經》講，從初發心到究竟成佛，乃至進入普賢行願海，這種是行布。但行布具足圓融，行布顯示圓融，圓融含攝一切行布。最難的是成就信。現在我們講，只是大家共同學習，生一個信樂，生個歡喜心，只是生個信心，這信心都生不起來。

大家坐這裡來聽，好像有信心似的，這是不具足的，只是欣樂心。像這種法門，我們只是種個善根而已，進進退退，退退進進，都如是。我們是不定聚的衆生，都不能定。因此，我們能夠成就一個信心，能成就一個聞，連這個聞都很不容易。大家可能還不怎麼理解，你說我們聽一聽，沒有那麼容易，不是那麼聽一聽，進進退退，障障礙礙，初入很難哪！成就聖果，除無明，得智慧，證成此信心，不曉得要多少生，才能成就這麼個信心。遇到了，遇到是一回事，能進入不能進入？大家可以看，進進退退，連這個聞你都進進退退，展轉相攝很不容易，從這個信展轉攝入，很不容易。遇到緣了，又沒有緣了，沒有緣了不曉得哪劫、哪世，又有因緣，又遇到了，遇到也不見得能進入。所以感到我們現在的發心，只是欣樂這種法門，有的是被動的，有的是主動的。被動的只有個功德而已，主動的是自己希求、自己進入，這也很難哪！

諸位道友誦《華嚴經》跟解釋《華嚴經》，二者有所不同。現在我們只是發心，這是指著信成就發心，我們現在沒有達到。若是幸運遇到了大法，發心了，未入信位的發心，入了信位的發心，登了初住的發心，登了初地的發心，灌頂發心，那又不同了。經過無量劫的修行，才能遇著無上菩提的智慧，不是千百生就遇得到的。

以下解釋發心的行相。這是解發心，信成就的發心；登了初住，那叫證發心，那個作用就不同了。就這個作用也不同，這個作用能在一百個世界，像娑婆世界是百千世界，示現八相成道，這麼一發心就有這麼大的功力。我們現在只能欣樂，祈求什麼呢？祈求消業障，生生世世能夠得遇到這種法門，要經過無量億劫精勤修行，才能得到住不退，發心的位不退，再不退墮到凡夫二乘。這種是展轉的，經常展轉遇到難，什麼難呢？法難，聞不到法。展轉遇到什麼呢？是障礙。我們看著是很簡單，大家可以看現實情況，現實情況有些人就有難，難緣！什麼難緣呢？不是每座都能聞得到的，就這麼進進退退，何況發心不退？所以賢首菩薩說，信大乘、信小乘、信一般的人天因果，能達到信大乘就很不容易。信大乘也能遇到，也能生信。信無量乘？「信大乘者猶爲易，能信此法倍更難」，能信《華嚴經》的，聽著都很欣樂，但是心要進入，那就難了。

我念了幾十年，還是沒有進入，能夠達到位不退，那非常的難。了生死，證二乘，斷見思煩惱，很容易。信一個華嚴法門，入這種不思議境界，那就難了，更不容易。

這個就說信一切道的根本，殊勝不可思議。要常信而不間斷，能夠達到行不退、位不退；再進一步達到大用，得到初住菩薩，達到大用，眞正發心，就是發心的功德，連發心的德都不容易。所以賢首菩薩的偈頌又說：

菩薩發意求菩提　非是無因無有緣
於佛法僧生淨信　以是而生廣大心

發心有五種相，自性、行相、所緣、功德、最勝，每一個偈頌都在讚歎。以下是賢首菩薩所說，但是，這是文殊菩薩問，賢首菩薩說。文殊菩薩說淨行，說一百四十一大願，讓我們每天受持。再進一步，信滿登了初住，雖然沒有眞正成佛，叫相似成佛。相似成佛都很難，不是一萬劫、兩萬劫，生起信心都很難。大家遇到了，能夠用心的深入，能夠進入，很不容易。希望大家發菩提心，進入菩薩無上境界。

「菩薩發意求菩提，非是無因無有緣，於佛法僧生淨信，以是而生廣大心。」要行菩薩道、發菩提心，「發意」就是發菩提心，發菩提心求菩提果，這是具足因緣的，不是沒有因的。如果沒有因沒有緣，這個心發不起來。因爲對三寶生了清淨信心，而生起廣大求菩提道！〈疏鈔〉中教授我們發心有五種相，一者是自性，二者是行相，三者是所緣，四者是功德，五者是最勝。發菩提心就是求菩提果，這不是無有因的！只有因、沒有三寶的助緣，心也發不起來，求菩提果也不得成就。所以，發心是你的願，發心是從自性之性體上發的。求菩提是果，發意是因，因果！一切衆生要想得大利益，只有依著三寶而發菩提心。所緣，給我們助成這個緣的就是三寶，三寶能夠促使我們發心，又促使我們成就道業。

因此菩薩發意、發心的時候，必須經過三寶的因、三寶的緣，有過去生三寶的因，今生才有發心的意願；不是無緣無故發的，是有因的，三寶給你助成！你要想度衆生，得有有緣，衆生跟你沒緣，度什麼衆生？也得有緣。發心、行道、修法，都得有因緣。還有對於五欲的境界，你雖然不能斷，要生起厭離心，在五欲境界也是給你助緣，使你厭五欲求菩提。內心生起一個發願，想成佛，看見一切世間都是苦，知道苦了再不造因，然後外加三寶的助緣，這樣才能發菩提心。因為發菩提心是從性體上發的，都是自性。

《楞嚴經》告訴我們反聞聞自性，那你得從自性上發起這麼個心，這叫什麼？內熏之力。有內熏有外熏，像〈大乘起信論〉假三寶熏習，假衆生苦難的助成，看見衆生苦，發了大悲心，要斷一切衆生苦，大悲心救度一切衆生，這是內心的內感。外假三寶的助成之緣，三寶助成的緣又可以變成因。你的道友，一同發心的人，就是善友。善友又熏習你，這是助成的緣。

例如大家在普壽寺住，所有同住的，共同學習者，都叫善友，就是共同發菩提心。發菩提心的時候，有正發心的時候，有助成發心的時候，有在你沒發起之前，那個時候促成你。但是你得先有信，並不是一切出家人、一切四衆弟子，都發菩提心，要想求佛果、成佛，不是這樣的。

現在我們在座的，有時候三四百人，有時候二三百人，多的時候還有五六百人。有時他有因，沒有緣，或者緣出些障緣。像我們男衆這幾位師父，斷斷續續，大家可以看到，還不說發菩提心，聞法的因緣，錯綜複雜的！不是他不想聽，有個因緣把它岔開了，他聽不成，這座聽了，那座又沒聽，很難得到圓滿。都是斷斷續續的，這是什麼呢？緣不具，沒有從始至終聞到一部《華嚴經》，沒有這個因緣。儘管你的心，你的願力、發願，發心想要求大乘，想發菩提心，求菩提果，心裡想是因，外邊的緣不殊勝，不能促成，自己發心，進進退退。因緣很難得具足，你發了心，只是因，這個因，因地不眞，發心的因不是那麼眞誠，果招迂曲，在感果上曲曲彎彎，障障礙礙的，助緣不好。

菩提心是總說的，怎麼樣發意呢？怎麼樣求呢？一般的說，第一個得有厭離心，對這個世間所見的事物，內心善根生起，就像你爲什麼想出家？那個時候就是善因的熏習，善因，因殊勝。想出家，你出家的心是對的，但是你出家並不是想成佛！當你出家的時候並不是發菩提心出家，那時你還不懂得什麼叫發菩提心。你想斷集，集是什麼呢？招感，是因招感的，因爲有那個因招感你才受苦。知道這個世間是苦的，不要去惹它，知苦斷集，厭離世間，這僅僅是初步。然後自己厭離發起大悲心，要利益一切眾生，讓一切眾生都能知道苦、認識苦，不要貪戀了，放下看破，這不叫菩提心，這叫出離心。

從自己知道是苦，厭離！願一切眾生都能離苦得樂，在出離心上生起大悲心。但是大悲心必須平等，了解一切眾生的法性，具足那個體性，眞實那個性體，跟諸佛無二無別，這樣理解了大悲心，就稱性發揚，那就是智慧。得有般若心，般若心才能指導大悲，才使悲不會墮於愛見，不會墮於情感，叫般若心。一般說發菩提心，是三個心合起來，這叫發菩提心，也就是覺悟，這叫什麼呢？自覺、覺他、覺行圓滿。

發菩提心求菩提果，而後證得的菩提果！發意求菩提，有這麼多的涵義。換句話說，願一切眾生都成佛。菩薩發了心，發什麼心？度眾生，發菩提心，成就菩提果，也就願一切眾生都能成佛。但是這種不是無因、無緣、無故，非是無因、無有緣，只有因、沒有助緣，你也成不了道業。聞法的因緣，修道的因緣，行行的因緣，包括很多，這僅僅是發心。

這個心怎麼生起的？前面講〈淨行品〉，講如來的果德，如來出現，乃至佛土莊嚴，佛的依正二報，講了那麼多才能夠生起發意求菩提，不是無緣無故的。這種因緣不是一般的因緣，要求的非常深也非常廣。但是，對佛法生淨信，這個很難！於佛法僧生清淨信，我們的信是不清淨的，清淨信必須得行了〈淨行品〉。那時候再生起信心，才能叫清淨信，才能發起度盡一切眾生。

「衆生無邊誓願度，煩惱無盡誓願斷，法門無量誓願學，佛道無上誓願成」，這叫四弘誓願。每一願都無窮無盡，具足了，這就叫發菩提心。爲什麼要求這麼高呢？因爲這位菩薩十信滿心登了初住，他發的菩提心，能到一百個閻浮提百千世界示現成佛，示現八相成道，以這個去利益衆生，這才叫廣大心，這才能生起清淨信。清淨信圓滿了，圓滿之後在這個基礎上而發的菩提心，能夠在無邊世界當中，廣度一切衆生。大心，賢首菩薩所說的這個發廣大心，是利益一切衆生。

清涼國師著〈疏鈔〉，他根據很多的經論來解釋，義理非常廣大。本來這幾句話很簡單的，他依著法相、依著唯識、依著性宗，有時是屬於四教的，有時屬於五教的，有時又屬於密宗的。聽完講述，研究佛說的正文！如果讀了三年五年，讀了《華嚴經》，會開一些智慧，你對這個能理解，但是解釋你不能理解，因爲它包括很多的教義，解釋得很廣。例如他講四因，一者是種性具足因、二者是賴諸佛菩薩善友攝受的因、三者多起大悲心的因、四者長時間的修行猛利，難行能行，難忍能忍，無所畏懼，遇著一切障礙，都能夠衝破，這是心裡具足這些因。

還得有緣，一者能夠聞佛的神通力、變化力，二者能夠達到聞法的微妙處，三者能夠見法欲滅的時候，捨自己的生命維護正法，四者見衆生受惑業報苦難的時候，能夠替他受苦，給他助緣。我們能做到幾個？你把經讀下來，發菩提心，求菩提果，自己具足幾個因？緣呢？能夠見到佛的神變力，親自見到的，不是在經上學的！能夠理解佛所說的法甚深微妙處，能夠見法欲滅護持正法，使正法久住世間！見眾生受果報，受惑業苦的時候，以神通力減輕他的痛苦，我們能給眾生做到幾個緣？

這是講的四種力，自力、他力、因力、加持力。自力是自己發菩提心求菩提果的力量，自己發心自力。他力，三寶加持力，佛諸大菩薩加持力。因力，因力是你過去多生累劫修習，熏習的力量，多生聞法聞大乘，假自己的修行。加行力，每個修法前面都有四加行，一般是這樣：「大慈大悲愍眾生，大喜大捨濟含識，相好光明以自嚴，眾等志心歸命禮」。大喜大捨大慈大悲四種無量心，先修加行！念哪部經，你坐那兒陞座要念經，或者要學習，先念念這個加行法。說禮拜、懺悔，懺悔要見著相好！拜文殊菩薩，見著文殊菩薩親自給你摸頂，或者文殊菩薩現相，或者夢中得到菩薩加持。這叫自力、他力，增加你的利生力量，宿習得有力量，親自聞佛菩薩說法，那產生了力度。

同時你還具足三因，一個信，一個悲，一個智。信、悲、智，就是剛才講發菩提心的〈三要道〉，在西藏教義叫〈三主要道〉，三要道離一而不可以，離了你發這個心不具足，這不叫菩提心。連因心都不具足，怎麼又能感到菩提果呢？四緣，佛、法、僧、眾生。你要化度一切有情，這是你的緣。眾生苦難的時候，引發你的大悲心，來救度他們！那不是一句話，要有事實，能給他消除業障，使他斷煩惱，使他能得到菩提。這是信位滿心的菩薩，在初住的發心住，所應具足的。但是，我們要相信三寶的境界給我們作外緣，相信自己的心有這種智慧，這叫內因，三寶外邊的境界就是緣，而產生你的清淨信。清淨信心圓滿了，到了初住，這叫發菩提心，求菩提果。在〈疏鈔〉裡頭講，如何配合理和事？什麼是三寶的淨德？什麼是世出世間的善根力？這廣開了，說的更廣。沒有智慧心求大菩提果，發大菩提心是做不到的。

同時，要有大方廣的廣，還得有廣大的悲心。什麼樣才是廣大的悲心？「廣濟一切諸含識」，廣濟一切諸含識可不是單純的人類，包括所有的眾生類，只要含識、有情，不是大心的菩薩是做不到的。這些用唯識講，用四教的藏通別圓講，那是開闊的。發心有幾種現相，或者供養一切眾生，在齋堂打齋供眾，供養一切僧寶，這是一種。或者向人家學習，怎麼樣發心。

供養三寶可以作兩種解釋，一種是財物，經常打齋供眾，或者打普佛、結緣錢，我們出家二眾，有時很困難的，應當怎麼樣呢？應當作意供養。意供養就是學習普賢菩薩的大願，要法供養，法供養就如你的意。意供養就是靜坐、或者誦經、或者拜懺，或者乃至於念經、修法，先要供養，先要禮敬！那你就用意供，觀想供，結供養手印，那叫法供養。法供養是理，我們供養的華、水果，這叫事，把理事無礙合成的供養。或者純理，沒有事，沒有錢財，沒有物質，那就用心；或者以法供養法，你誦《華嚴經》，先念《金剛經》來供養，以《金剛經》應無所住而生其心，這樣來供養，就深了。假使說你發了心，遇著任何因緣都不退心，遇著難緣，生命失掉的因緣，絕不退菩提心，心念不失。自己不會發心，那你念念文殊十大願，念念普賢十大願，他們是怎麼發心的？學習大菩薩怎麼發的心！學習釋迦牟尼佛最初沒有成佛前，怎麼發的心！

在《華嚴經》，善財童子走到一位善知識那兒，說我已經發了菩提心，又走到下一位善知識，也說我已經發了菩提心，「云何行菩薩行，云何行菩薩道」，我發了心，但不會行菩薩行，不會行菩薩道，請你教授教授我。善財童子到每一位善知識前都如是說，他以他的身心來作供養，沒有另外財物。總的說來我們的發心是以信、以智慧，對待外緣的三寶境界，這就叫具足實德，實實在在的德行。一切世間的苦樂境界，能夠忍受，以這種智慧心，求大菩提心，就是求佛果。大悲心度眾生，不是上求佛道，下濟眾生嗎？以廣大的悲心，廣濟一切諸含識，這樣的發心，這樣的求佛果。

我們平常就要訓練、培育，這不是一下子就能發得起來的！培育什麼？培育大悲心。見著一切受苦難的，見著一切眾生沒有成佛果的，見著一切眾生還沒有發菩提心想求菩薩道的，你應當勸他們不要生狹小的下劣心，不要求自己了生死，總是把眾生擺到第一位，願一切眾生了了生死。如果大家不會發，就像地藏菩薩，「地獄不空，誓不成佛，眾生度盡，方證菩提」，這是最大的，把眾生度盡，我才成佛果。

最苦難的是地獄，如果地獄沒空的時候，我絕對不成佛，這個誓願最大了，學著發。

我們天天念〈普賢行願品〉，或者念〈觀世音菩薩普門品〉，看觀世音菩薩怎麼發願，怎麼利益眾生！觀世音菩薩是事，普賢菩薩是理，事理雙融的，這樣鍛煉我們的大悲心。大悲心得有智慧，成長我們的智慧心。我們聞佛教授我們的每一句話，乃至文殊、普賢、觀音、地藏教授我們的話，讓我們怎麼樣去作。我們現在作沒有這個力量，心力沒有這麼大，但是可以隨順發願，就像我們念普賢菩薩的〈行願品〉！如果大家念《心經》，看觀自在菩薩怎麼行道？這都是發心，發菩提心，想求菩提果，但是你得把世間放下，所以賢首菩薩教授我們：

不求五欲及王位　富饒自樂大名稱

前面說發心，但是你得放下，這頭放不下，那頭發不起來。放下什麼呢？五欲。五欲是指人天五欲，五欲境界長養你的貪心。這個因將來變成有財鬼，但是有財鬼，不是餓鬼。求五欲容易墮五道，所以不求五欲。有沒有出家人發願當國王的？我就聽到有，他想來世成國王，還想得到大財富、發大財，要存多少億。還有使自己名稱滿世界！這是求人天五欲。求人天五欲的過患是長貪心，求王位是長瞋恨心。大家看看電視、小說，國王殺人太多了。得到這種五欲，將來墮餓鬼、墮地獄、墮三塗！沒有得到還好，只是因心，還沒有果。還有求富饒的，求富饒長愚癡，貪瞋癡。說我只求自己成道，那是二乘因，得到聲聞緣覺的果。或者求有大名稱，大名稱就是勝負心，要勝過一切。這都是三塗境界，三塗境界出不了輪迴。前面那個是發菩提、求證果，這個是我不求、要看破。看破什麼呢？五欲、王位、富饒、大名稱，一切快樂自在。這個我都不求，我求的是佛果。

底下一共有十種。把十惡分成上中下三品！「若心念念專貪瞋癡，攝之不還。」這是上品的十惡。如果你的心貪欲多，念念得諸眷屬，眷屬也多，這是中品的十惡。若發的心，念念得到名聞，要名達十方，讓人稱揚讚歎你。如果是佛菩薩，那不要你取求，人家自然就讚歎你，沒有實德而想求這些名稱，這是下品的十惡。若你的心念念地求五欲，像趾高氣揚的想當大人物，講仁義禮智信，講善法是善心所，行仁義禮智信，這是中國過去的儒教，下品的善心是屬於阿脩羅道。

若你的心念念欣羨世間的快樂，對你現在這個不淨之身，安住在癡心妄想上，這是貪愛心。癡心妄想是男女關係。若想斷這個，求世間的快樂，這種善心所是中品善心，行於人道。若是念念知道三惡道苦，人間有苦有樂，三惡道是純苦無樂，天上純樂無苦，六道就是這樣，你行的是天道善，上品善心！人間所說的大善人，那只是天道，死後得的報是天道。

念念的求大威勢，身口意所作的，都是有大威勢的，總想降伏別人，你是欲界主心，所行的是魔羅道、魔羅天。念念欲得智慧、辯才，世間的高才勇哲，十方顯赫，這是發勝智心，墮外道、尼犍（揵）道。念念戀六塵五欲，被所蓋纏縛，這個蓋是五蓋的那個蓋。得三禪之樂，發梵心，這個得的是行色、無色道。若是念念的了得善惡輪迴，看一切凡夫，在六道輪迴流轉，破這種惡得清淨慧，清淨慧就是禪淨的智慧，這是發無漏心，行二乘道。

「若心若道，其非甚多，略舉十耳！」「非」就是不適處很多。〈疏鈔〉上，舉這十種，讓人去分辨。爲什麼舉這些？這些跟菩提道不相干，千萬莫發這個心，這些都屬於六道，怎麼樣才對呢？

但為永滅眾生苦　利益世間而發心
常欲利樂諸眾生　莊嚴國土供養佛
受持正法修諸智　證菩提故而發心
深心信解常清淨　恭敬尊重一切佛
於法及僧亦如是　至誠供養而發心
深信於佛及佛法　亦信佛子所行道
及信無上大菩提　菩薩以是初發心

前面是說「不求」，現在叫你念念發心。發什麼心呢？發大悲心，永滅衆生苦，使一切眾生永遠得到利益而來發心。滅苦是大悲心，讓眾生得利益，利樂一切諸眾生，這是利樂，利樂是什麼呢？大慈。悲能拔苦，慈能與樂。有大智慧心，上供養佛法僧三寶，供養諸佛，眞正發菩提心，供養的是想得到成佛。為了證菩提、修持正法來發菩提心，這才是眞正發菩提心。不是淺近的，要深信的，不但信而且能夠解，「深心信解常清淨」。文殊師利菩薩在〈淨行品〉就這樣教授我們的。常時念念恭敬尊重一切諸佛，不止尊重佛，於佛所說的法，佛的弟子，一切眾僧、僧寶，至誠供養而發心，這樣發心的！這跟前面十種六道輪迴相反的，深信於佛及佛所教授的法，「亦信佛子所行道」，這是僧寶，常時恭敬佛法僧三寶，「及信無上大菩提」！

「菩薩以是初發心」，這是發心處，這才是發大菩提心。菩薩是這樣發心的：滅眾生苦，給眾生樂。怎麼給他的樂呢？不是給幾個錢、給所樓房，不是的。讓他知苦斷集慕滅修道，發大菩提心，利樂一切有情。這就是賢首菩薩所示的十住之初發心住，已入了住位的菩薩，這叫眞正的發菩提心，這只說發心。這是具足佛種性的發心，將來一定能成佛。

我們就用這一段經文，驗證我們的心。我們一天想過多少次：「我要滅一切眾生苦？」我們這有時候五百來人四五百人，一天想滅眾生苦，這個世界上都起變化的，這是辦不到的。要求自己發菩薩心能做到，讓一切眾生都發菩提心，做不到的。

十方諸佛願一切衆生都要發菩提心，都成佛。

願是指導自己的行，生自己的慧，目的是讓一切衆生解脫，才能把前面的信位究竟成就了。上面所講的四因四緣，可以去選擇意得。長時間如是思惟，別的聽不懂，你一天想利益別人，想幫助衆生，一天當中你生起過多少次這樣心，這個自己該知道。想自己得好處，想自己脫離苦難，也好！但，那個斷煩惱是證不到菩提，只證到二乘斷見思惑。

這一段是說你的種性，佛種性善根具足，這是因；假三寶加持，假佛的教授，這就是緣。如果你的心，時時念念的盡是利益衆生、大慈大悲、大喜大捨，四無量心，這是根本的根本。再加上行施、戒、忍、進、禪、慧、方、願、力、智十度，這是作的十波羅蜜，想的願一切衆生成佛，度一切衆生心無雜念，無雜念就是沒有貪瞋癡、沒有煩惱。對世間上一切的利樂，乃至於富貴功名財色利祿，從來沒有思念過，而是思念怎麼樣度衆生，怎麼樣成菩提道，怎麼樣得菩提果。如果深信佛教授法的人，他一天所緣念的，一個是度衆生，一個是成佛果，其他的沒有。

我們發心沒發心，別人不知道！除非是大菩薩有神通，但是你自己知道。我們自己往往做不了自己的主，你的心念念想發利益衆生的願，却想到誰又對不起我，過去的事、現在的事，就是想自己怎麼得好處，從來沒想到別人。如果念念想的都是衆生，你就在行菩薩道，念念行菩薩道。念念行菩薩道，一定證得佛果，這是必然的。

怎麼能成就這些？得具足有十種德。受苦了，遭受到苦難能忍，忍是受的意思，忍受，之後還生歡喜心。你想忍受那些痛苦，肉體人的心智是無法忍受的，假三寶的助緣，念三寶，觀想！有些你觀想一句話就能得到享受。當你受苦的時候，想佛的教授，「假使熱火輪，於汝頂上旋，終不於此苦，退失菩提心。」火輪在頭上永遠這麼轉，這個苦難是不能忍受的。能忍受！不以這個爲苦，不要退失菩提心，度衆生比這還苦。這個大家可能有懷疑，度衆生的時候好像有恩給人家，怎麼還是受苦？釋迦牟尼示現五百世忍辱仙人，遭苦能忍。生生世世惹到他人非理相加，不合理的加到他身上。大家讀《金剛經》，歌利大王割佛的身體，一點一點的割，那個痛苦不是一下子死，而是一點一點的割，讓他不死，這個苦能忍受嗎？其實這個苦不是一生兩生，而是連續相續五百生。這僅是一個，那些大菩薩在成佛之前，都遭過這個苦難，能夠忍受苦難。

我們害一點小病，簡單說，在外頭勞動，手上扎個刺就感覺很苦，把手劃破了，或把哪兒劃破了，就感覺很苦。一般的病，頭痛腦熱，肚子痛，好多的病，好多的苦，這算什麼苦呢？這是小苦。這個遭苦能忍，是指大的苦難，生老病死。忍衆生的惱害，就是慈悲。忍他的慈悲，就是慈悲給他，不報復、不瞋恨，絕不生起報復心，這就很難得，這是以慈悲心來對治苦難。所以，他的想法就不同了，觀念不同了。

莊嚴佛國土，修習衆善根，利他即淨土。想求生淨土，莊嚴佛國土，這一類的忍可能大家不會理解，莊嚴國土還要什麼忍？

我天天看我們小道友，還沒有剃頭落髮的在那裡勞動，昨天下午很冷，她們在除廢土，風吹的很冷。不曉得這些小菩薩發願了沒有？我想發願的很少，也許裡頭有，說：「我這是行菩薩道，莊嚴佛國土！」可惜沒來聽課，在外道勞動，他想過嗎？我們有好多師父參加勞動建設普壽寺，在勞動當中你發願沒有？我這是莊嚴佛國土，高高興興的忍受。我們這有一班小沙彌道友，今年剛受戒，勞動了四五年，或者五六年，你發過願嗎？我經常提倡發願，在勞動的時候，一邊勞動一邊發願，這是莊嚴佛國土，這是大慈大悲利衆生，大喜大捨濟含識，想過嗎？所以，學習跟沒學習，你怎麼樣善用其心，關係非常之大！成就可能就是差一千劫、一萬大劫。一個發願，他念念的是莊嚴佛國土，行菩薩道，利益一切有情，他念念就是這個，他做任何事都是這個，吃飯、穿衣、屙屎、撒尿、睡覺，乃至讀經拜佛，平等平等。

「善用其心」很難，我經常給道友寫字，就是「善用其心」。大家把它輕易看了，他不會「善用其心」的，如果「善用其心」者，把這些都看成修佛的正因，成大菩提的正因。你所作一切，念念都在發菩提心，如果你沒念呢？完全不是的，那就人間作一點事而已，那有什麼報酬？沒有的。只說這個人不錯，作好事了。你得到的呢？一個發心、一個不發心，關係非常之大。像我們買朵花，上大供的時候，擺一桌子供果，發心沒有？沒發心就是世間相，發心就是殊勝，那不可思議了。你受一句佛法，以什麼心來受的？就看你怎麼樣用心，這叫「善用其心」。你用普通的心去受，跟一位大菩薩以行菩薩道的心來受，所發的心、所想的，完全不一樣。

學華嚴的華嚴行者，就是修華嚴行的人，時時念念發盡虛空徧法界的大願。大願不是那個事很大，而是你那個心很大。搬一塊磚、搬一塊瓦，這沒有什麼好大吧？但是你莊嚴佛淨土，完全不一樣，這是供養諸佛，求殊勝不可思議的法。看一切眾生身心平等，這是以法性觀！我們經常說修法性觀，這是圓觀。

親近善友，把一切眾生都看成文殊、普賢、觀音、地藏、彌勒，這是你的觀力，並不是他是，以你觀力作爲他，這叫身心平等。親近善友，什麼是善友？能夠增長我們菩提行，行菩薩道，這就是善友，除此之外都不是善友。你跟一個二乘人，住山裡修道，自己了生死，這個不是善友。善友教你發大菩提心，究竟得阿耨多羅三藐三菩提，這才是善友。了自己生死，自己離苦得樂，不管一切眾生，這不是華嚴行者，也不是大乘行者，這樣達不到身心平等。親近善友呢？親近大菩薩，發菩提心的，行究竟菩薩道，常時利益眾生，這才是眞正的善友。對於善友要有簡擇，常鼓勵你，行菩薩道，發大菩提心，成就究竟佛果，柔和善順依佛教導，要依佛的教導！

有人問我說：「念一個咒，是不是行菩薩道？」我答說：「那得看他怎麼樣用心、怎麼樣念？」念「嗡嘛呢唄彌吽」，這句話是什麼意思？念這個咒怎麼樣觀想？

想什麼？問題在想什麼，不是念什麼咒。我們在五臺山，大多數念文殊菩薩心咒，「嗡阿昂巴雜那地」，什麼意思？我們好多受了灌頂或者念一個咒受持，什麼意思都不知道，那是愚癡，不是智慧。文殊菩薩咒是加被我們增長智慧，消一切罪惡，增長一切智慧，是身心平等的，是四無量心的。

所以，我們親近善友，心腸柔和、善順依著佛的教導，絕不違背佛的教導。很多佛弟子作的跟佛的教導是違犯的，這不是犯戒，這個違犯跟犯戒相不像。佛教導每一個眾生要成佛，發菩提心成就究竟的菩提佛果，不是讓你斷煩惱、了生死，光自己得好處就算了的，而是讓你利益眾生。不然怎麼報佛恩呢？最重要的是愛樂大乘心，心地永遠是平等的。這樣發菩提心，才叫發菩提心。

總的說發菩提心，你要具足發菩提心的德，一定要善用其心。如果不會發，把〈普賢行願品〉、〈梵行品〉念一遍，最後再念一遍普賢菩薩十大願王，你就知道發菩提心，怎麼樣發，怎麼樣得。經常的觀想，跟一切眾生平等平等，一切眾生都能夠成佛，換句話說，一切眾生都有資格成佛。成佛都有資格，而中間過程，那就不同了。

我們經常說凡夫、小乘人，連一切眾生、螞蟻、老鼠都可以成佛，凡夫二乘聖人還不能成佛嗎？都能成佛。不過發大心、行大乘行，時間縮短、成就快一點而已。我們自性本具的，但是沒有把它發挖出來，還沒有發心。你不能輕視他，一發心的時候就成正覺，只要他善用那個心。依佛的教導理解大乘的涵義，這樣子平等平等。

我們經常念，「煩惱無邊誓願斷，法門無量誓願學。」凡屬於煩惱的，凡屬於迷惑的，一定發願斷除，你天天發願斷，現在雖然沒斷，總有時候會斷。如果你連斷的願都沒有發，天天去追求煩惱，那就痲煩了，痲煩到什麼程度呢？你永遠也出不去！人家都成佛，你還當衆生，還在煩惱。最大的問題是我們不認爲是煩惱，還不知道什麼是煩惱，你要認識它，它就害不了你。說這個人是壞人，我認識他，這個人很壞，我躲著他、不惹他、不跟他來往，他就壞不到你身上；就怕你不認識，你知道煩惱，爲什麼還找煩惱？問題就在這兒。

在座的道友都知道是煩惱，但是天天煩惱，沒有事他要找煩惱，心裡無緣無故把過去的事又拉來想，想了就煩惱。未來的事還沒有來，他就籌劃、計劃，計劃我將來怎麼怎麼，這就煩惱了。煩惱都是自己找的！過去生所作的業，那個業不消失，他經常跟你作祟，所以你就煩惱。有時候你觀一觀，煩惱怎麼來的？都想斷煩惱，煩惱是可斷的嗎？根本沒有，斷什麼！是自己找。「煩惱即菩提，生死即涅槃。」你另外要問，好比你煩惱了，這煩惱怎麼回事，我找找它的根子，誰是煩惱？什麼叫煩惱？你找不著的。你一找煩惱沒有了，你找煩惱的這個念，它本身就是智慧，你一找，煩惱沒有了，找不著。妄法就是這樣，爲什麼叫虛妄呢？虛妄不是眞實的。

看《華嚴經》，爲什麼我們不能夠理解？不能深入、不能證得，什麼原因？自己坐這兒觀想一下，爲什麼？這句話是什麼意思？涵義有好深？往往一句話，最簡單是給它加個標簽，都用十來解釋，這一句道理，你能用十樣來解釋分析，把它分析來分析去，這句話不存在了。一切事物都如是，你若用智慧來分析、判斷、理解，漸漸的就能進入。進入後，純善無惡，念念的都是利益眾生，念念想度眾生。其實度眾生也是度自己，自己就是眾生一份。當你認爲行大悲，去救別人苦難，實際上就是救自己的苦難，你自己也如是，大家好好觀一觀，想一想吧！看著別人苦，實際上那個苦你也具足的。比如說你現在很富有，你看見貧窮很苦，但是觀來觀去，你也是很貧窮的。你得換個位置觀照，所有的東西都是幻化不實，根本沒有。你的財富、名聞、利養，會隨肉體消失而消失。他現在雖然是苦，你看見眾生是苦，他不認識，他認識了就不苦了，苦樂是沒有標準的。

古德寒山、拾得，就是文殊、普賢。天臺山國清寺有三聖殿，三聖殿就是拾得、寒山、豐干。豐干是阿彌陀佛化身，寒山、拾得是文殊、普賢。這三大士是苦是不苦？示現窮，示現什麼都沒有，示現究竟清淨。這種道理，就要我們去觀！觀就是思惟修，思惟修就是開智慧。開智慧就是跟文殊菩薩的大智相合，就是「善用其心」。「善用其心」的這個心，我們可以把它解釋到大智慧、大慈悲、大歡喜都可以，就是這個心。我們把這個心的智慧德相，全部開發出來，煩惱自然就沒有了，哪還有煩惱！煩惱即菩提，就是一變一轉，煩惱轉成菩提。現在我們把智慧轉成煩惱，諸佛菩薩把煩惱轉成智慧，我們是把智慧轉成煩惱。這個問題要經過相當的思惟，也就是觀。觀了之後，你才能認識它，才能找著它。

「但爲永滅眾生苦」，這是因地因心。因心具足大悲，大悲就是救眾生，是發菩提心的因。重覆解釋前面所說的因、緣，因有四因，緣亦四緣。「但爲永滅眾生苦」，這是大悲心的因心，因爲要滅眾生的苦難，所以在世間而發菩提心。昨天下了課，路過時，我問我們勞動的小道友，我說：「妳在那兒幹什麼？」她說：「莊嚴佛土。」我說：「下頭呢？」她說：「下頭沒有了。」莊嚴佛土幹什麼？下頭一句話，莊嚴佛土是供養諸佛，嚴土供佛。嚴土供佛又是幹什麼呢？調伏眾生。調伏眾生就是讓眾生滅苦得樂，滅苦得樂是菩薩大悲心的發展。

爲了滅眾生苦，讓眾生得到諸利樂。因此下句說，「常欲利樂諸眾生」。滅眾生苦是大悲心，常欲利樂一切眾生又是大慈心，這就是大慈大悲。悲是拔眾生苦的，慈是給眾生樂的，這叫慈悲。

那麼，說法得有個處所，調生得有個地點，在哪個世界調眾生？一切國土，莊嚴的國土就是供養佛。這四句聯繫起來說，上供養佛菩薩三寶，下濟有情，「下」是利益一切眾生，令眾生得度。

「受持正法修諸智，證菩提故而發心；深心信解常清淨，恭敬尊重一切佛。」前面發大悲心是信心的因，總說是信因。這個因種下去了，有這個因一定能感果，果就是眞正的發心。慈悲利益衆生，嚴土供養諸佛。供養諸佛也是調益衆生，諸佛也是在國土調化衆生。眞正發菩提心，必須得具備慈悲；同時你必須深信，不是淺信，深信就是十信圓滿，才叫深信。信而能解，信了佛法，要研究佛法，要了解佛法，這叫解。解而後發心，才是眞正發心。這幾天我都在講這個問題，十信滿心了，登了初住位，發菩提心。這個發菩提心，比我們在凡夫地，就是我們現在所發的菩提心，深多了。是不是甚深呢？還沒有達到。甚深得登到初歡喜地，眞正證得法身，證得眞如實體，再發菩提心，那才叫眞正的發心。現在我們只是信樂而已。眞正發心的時候，得到我們信位圓滿成就，同時相信我們因地所作的。

「深信於佛及佛法」，是深信佛所說的教法。這個因是什麼因呢？是我們本具的佛性，根本具足的。具足我們不知，我們也不能用，連心還不知道，怎麼用呢？由於我們恭敬尊重一切佛，接受諸佛菩薩的教授，假這個外緣種我們的因。如果我們能攝受，就是因成就，這樣才能夠永滅衆生苦，永滅衆生苦不是一句話。假使我們幫助一個衆生，或者十個衆生，一萬個衆生，怎麼能夠讓他得利益？讓他知道苦了，斷苦；苦斷了，滅苦，而能夠修諸佛法！知道苦了，又知道滅了苦，而又羨慕諸佛菩薩，發心求道。所以莊嚴佛國土就是供養諸佛，受持諸佛所說的教法，然後以此法調伏衆生。

下一個偈頌，「受持正法修諸智，證菩提故而發心」。「證菩提故」是證到佛所證的佛果，十住位是相似證，十地位是分證，到究竟佛果了，究竟證得了。第一個你發菩提心，感受諸佛菩薩的攝受，這是因具足。第一個具足是種性具足因。第二個具足的因是賴佛菩薩攝受因，是你發菩提心，諸佛菩薩的攝受。第三個是多起悲心，滅眾生苦是大悲心，這是你的因。第四個是長時猛利、難行苦行，利樂一切眾生，莊嚴佛土供佛，常時勇猛的，具足成佛的因，這叫四因。

什麼是四緣呢？恭敬尊重一切佛，見佛的神變，利益眾生的法力，得到諸佛的加持，這叫第一緣。受持正法，勤行不懈，勤行不懈就是聞了微妙的法，聞法的因緣，這是第二緣。當你受持正法，見法欲滅，現在我們這個時候就是法滅，佛在世的時候說，正法五百年，像法五百年，末法一萬年，我們是在末法當中。見法欲滅是第三緣。不是四因四緣嗎？這是第三緣。

因此要護持正法，法滅故，眾生苦了，眾生沒有聞法的機會，眾生滅苦的因緣沒有了。想滅眾生苦，先是見到眾生受惑業之苦。惑是迷惑，不能見自己本性，不能明白佛法，遂起惑了，起惑就造業了，造業就受報了，這叫惑業苦，三者是相連的。因為要滅眾生苦，給眾生作殊勝因緣，這叫第四緣。見苦就是緣，掌握你大悲的因，這因緣具足了，就能夠利益眾生。

但是，你得具足十種德。「德」，我們講道德的德，以我們世間的說法，做好事、幫助別人，你就修德了。說這人有德、有道德，道德兩個是聯繫的，行道積累下來了，叫「德」。但我們所講的「德」，是指行道、聞法、有得於心，心裡得到了，領受到了，這叫「德」。要有這十種信心，這樣的信圓滿，具足十種德。

這十種德怎麼具的呢？第一種德，遭苦能忍。受苦難的時候，能夠忍受，自己在苦難之中，能夠安受忍。換句話說，你受苦的時候生歡樂心，這個很難，受苦本來苦難很重，怎麼生歡樂心？能夠忍受的。歡樂怎麼產生？剛才我們講，起惑造業受苦。你起的業，所造的業，就欠人家債了！我還了，還了就清淨了，以這樣的觀想才能生起歡樂，才能遭苦能忍，不見是苦。這是第一個，就是你回顧反顯，思惟了反而把它顯出來，再苦能忍。

第二種德，慈悲深厚。因為眾生的苦，引起菩薩的大慈、大悲，要給眾生樂。相信三寶加持力，能夠做到的，這就是慈悲心深厚，培養你大慈大悲的心，達到深厚。

第三種德是修習善根，「莊嚴佛土」是讓一切眾生能夠修習他的善業。我們不是求生淨土嗎？利他的善，就是求生淨土的因，幫助別人。這個幫助人做好事，不是我們世間上，施捨財物或者智慧投資，或者醫療他的病苦，不是這些，這些不能得淨土的因。令他得聞佛法，欣樂三寶，脫離娑婆世界，得生其他世界的淨佛國土。

第四種德，供養諸佛。常時供養諸佛，不是說買幾支香，買點供果，不是這樣的。

心裡常時思念三寶，像我經常囑咐諸位道友，受三皈，不要忘了三寶，常時念念思念三寶、供養三寶，供養三寶，要意念供養。我念一句阿彌陀佛，就是供養阿彌陀佛，供養十方諸佛。念一部《大方廣佛華嚴經》，拿這個法供養十方諸佛，十方一切眾生。皈依三寶，就用皈依三寶的功德，上供下化。上供，供養十方諸佛菩薩，下化，把皈依三寶的功德，布施給一切眾生。

第五種德，志求勝法。具足信位的菩薩，乃至於大乘經典，受持一句，拿這個求殊勝法。云何住心?云何降伏其心?就用這麼一句話，供養諸佛，下化眾生。

再進一步，第六種德，求佛智慧。求證佛的菩提，要證佛的菩提。第七種德，深心平等。深心，不是一般淺心，我希求佛所說的一切聖法。我們現在發的菩提心，只是個因，發心要達到諸佛的果，然後成就佛果，發心的時候就明白，要有深心。一切眾生本具如來智慧德相，跟佛無二無別的，看一切眾生視之如佛，深心平等。第八種德，親近善友。凡是以佛法熏陶我，以佛法滋長我善根，這都叫善友。若深入的說，得以大乘佛法互相資益，這叫善友。二乘人以苦集滅道法資益你的，不是深心平等，這不是善友。大家看善財童子五十三參，他所親近的，那叫眞正善友，滋長他成佛，念念成佛。在信心當中，相信自己是佛。

我還沒有講《華嚴經》之前，先講〈大乘起信論〉，反覆講要相信自己是佛，相信一切眾生都是佛，所親近的都是善友。這才是深心！我有沒有這信心？這十種都是信心。第九種德，心常柔和，柔和善順供養一切諸佛，永遠柔和善順，從來不急躁，從來不發脾氣，從來沒有瞋恨心的餘業，柔和忍辱。用柔和忍辱至誠供養十方一切諸佛，供養什麼呢？供養柔和善順。第十種德，受樂大乘。領受歡樂大乘法，「受樂」或者叫「愛樂」，最喜歡的是什麼？佛所說的大乘法。人人都能成佛，求菩提，發菩提心，這是具足十種德的信心。

有這種信心，登了初住才能發菩提心。這信心有沒有標準呢？有。我僅說幾個，大家要是想深求的話，再去學。初信佛，自己檢查一下，有沒有信心？有信心是什麼樣子？覺知前念起惡，止其後念不起，絕不念念相續。起這個念頭，馬上覺察到這個念頭，不順佛的教導，不順於三寶，馬上就制止住。覺知前念起惡、能止其後念不起者，這是第一個，初步有了信心。還有，護法心，遇到人家毀滅佛法，或者看到燒佛經、毀佛像，你能不惜生命的來保護佛法、愛護佛法？這個信心，是可以驗證的。還有，慧心，有信心的菩薩見到一切衆生受苦難的時候，如同身受，願意代替他受苦，有沒有這個信心？

第十個，迴向心。你做一點的善事，看見三寶一點的善緣，都迴向給衆生，把自己的一點一滴迴向給衆生，迴向三寶。每天經常發迴向大願，這十個都具足才叫信位的菩薩，信位滿了才登了發心住。

現在我們講的就是發心住菩薩所發的心。第一個發了心之後，菩提心就是覺悟，覺悟的心。自己的自性，自己的體性，住在佛性當中，自性佛性是一個，自性永遠住在覺性當中。在這個時候，信心眞正一點懷疑都沒有的。一切衆生、一切諸佛，「心佛與衆生，是三無差別」，就是一個。必須具足這十種心，才能入信位，入初住。我們考驗考驗，現在住到什麼位置上？我們深心信解佛法了，心常清淨。我們講的華嚴法界跟理相應，事和理兩個相應，不相違背，這叫深心。

我們現在或者過去，因爲沒有聞佛法，完全是染業，所作的業都是不清淨的。今天清淨了，聞到佛法了，常時受持〈淨行品〉，常時念〈淨行品〉。要想清淨，必須有個始，始就是開頭，必須有個開頭。有了開頭，逐步進入，究竟達到成佛。開始淨的時候，不是眞正的清淨，逐步向淨的轉化，達到清淨無染，常時清淨。在這個時候你可以說，「煩惱即菩提，生死即涅槃」。相信什麼呢？相信「煩惱即菩提」，衆生就是一切諸佛。我們檢查現在有沒有這個信心？信不信「煩惱就是菩提」？這個要參的。這個用語言形容，或者從文字上、從語言上，你還是不能進入，要參，參了要悟，悟了就進入了。

唐朝的魚朝恩，他是宰相。國王請國師來，宰相是陪伴的。他向國師請教說：「國師，什麼是無明？」無明就是煩惱，總的煩惱就是無明，就是什麼也不明白。爲什麼不明白？煩惱障給遮蓋了，你的智慧顯現不了。他問什麼是無明？無明從何起？何者是無明？什麼叫無明？國師怎麼答覆他？國師說：「你是個奴才。」從皇帝說，宰相還是皇帝的奴才！對他很不禮貌、很不恭敬，說你奴才向我問佛法。國師的一句話，魚朝恩就冒火了。他說：「我雖是皇帝的奴才，我可是一人之下，萬萬人之上。」都做到宰相了，怎麼這樣侮辱我！他就冒火。他一冒火，國師跟他說：「不要發脾氣，你問什麼是無明，這就是無明。無明從此起，此者是無明。」魚朝恩聞這句話就開悟了。什麼意思呢？起心動念，這是無明，無明落到何處？從何而生？怎麼樣消滅的？我們現在達到個信，信什麼呢？信清淨、信平等，這個是理。無明有起處嗎？有個無明的象徵嗎？沒有。無明從此起，這叫深心！跟理相應，無明就是自己的體性。

我們講〈大乘起信論〉，說一念不覺生三細，一念無明的起處，就是迷了，就是不覺，無明消失了，就是智慧，這就叫深心。由深心而起的利益衆生心，就是大悲心，大悲不是一般的。一般的是憐憫心，不是大悲心。大悲心必是登地的菩薩，他那個悲叫大悲，我們這個悲不叫大悲。過去沒信佛之前，都是染業、污濁，無明都是渾濁的。無明又生煩惱，那煩惱就多了。每天起心動念，都在煩惱當中，把煩惱轉成了智慧，就是把染轉成清淨。染沒有了，淨從什麼時候開始的？什麼時候才能把染斷清淨？什麼時候達到完全清淨？「煩惱即菩提」，這樣就常時清淨。

信不退，常時這樣信，「煩惱就是菩提」，都是從自心的本性而發生的，本來是佛。我們具足佛法衆生三位平等，原來就是佛。那怎麼迷的？從什麼時候開始迷的？無始。這是佛所不答的。有終，到成佛的時候，煩惱斷盡了，那時候你才明白。除了信因果報應，你要信「煩惱即菩提」、「眾生即是佛」，這是本性而發心，本來是佛，悟得這個意思，就得到般若義，「一切有爲法，如夢幻泡影，如露如電，應作如是觀。」懂得這個意思就知道了。

約分析說，有初發心的菩提，有行菩薩道的菩提，有究竟證佛果的菩提。若以《華嚴經》所講，用三觀來觀菩提，眞空絕相觀、理事無礙觀、周徧含融觀。然後是四弘誓願，「眾生無邊誓願度，煩惱無盡誓願斷，法門無量誓願學，佛道無上誓願成。」這叫三菩提、三觀、四弘誓願。佛所說的教法不超出此外，這是總說，若把它分開，拿名字說，以大智慧心，以大悲心，以大願心，大悲大智大願，這就是發菩提心。例如我們點盞油燈，大悲就是油，大願就是燈心，就是炷。光照一切法界，這就是直心正念眞如。直心、大悲心、深心，三菩提。在華嚴，三觀是眞空絕相、理事無礙、周徧含融。在我們普通修行的時候，叫空、假、中三觀。四弘誓願，大家天天念，「眾生無邊誓願度，煩惱無盡誓願斷，法門無量誓願學，佛道無上誓願成」，這就是四弘誓願。

發菩提心志者，或者發菩提行者，眞正發了菩提心，要止觀雙運，悲智雙運，你行大悲心，發菩提心度眾生，沒有智慧怎麼能度得了呢？必須得有智慧。以這種智慧，對照一切的境界相，把境界相變成不可思議。修苦觀觀苦，一切都是苦，苦徧一切，一切都是苦。有了信位的菩薩說，自己從無始以來，由惑所作的業都要受果報，那都是苦。自己如是，一切衆生都如是。因此說，「衆生無邊誓願度，煩惱無盡誓願斷」。如果不斷煩惱，苦是斷不了的。想斷苦必須得成就，依如來教，修一切佛法，成就如來的果位。這樣來度衆生，說衆生無邊度不盡，但是大悲菩薩觀空觀的時候，一切衆生是空的。

有好多道友問我，地藏菩薩發的願，地獄不空誓不成佛，衆生度盡方證菩提！地獄能空嗎？衆生能盡嗎？從假觀，這是假的，不是眞實的，觀一切衆生是假的、觀地獄是假的，把「地獄不空」改一個字，「地獄不空」，改爲「地獄本空」，沒有地獄，這好像違背《地藏經》。我說個比喻，不論哪個國家、哪個地區，就說我們五臺山，五臺山有警察、有臨時派出所，有沒有拘留室？有沒有監獄？五台縣都有的，有沒有？這個大家都承認是有的。你去過嗎？跟你有關係嗎？對你來說沒有。你跟它無緣，因爲你沒有造業。「地獄不空」，「地獄本空」，根本沒有地獄，你還擔心地藏菩薩成佛不成佛！如果佛菩薩把衆生看成實有的，怎麼度盡？那不是菩薩跟衆生一樣，也是悲悲哀哀。大悲菩薩，大悲是理智上的，不是事相上的。佛法翻過來調過去，看你悟得哪一面。

如果讀《金剛經》，你就知道，「諸法本空」。你的心若空了，一切諸法本空。但是，「因境有」，現實的現相好像是有，其實是沒有，幻化的。我們有兩句話，佛法說「幻化空身即法身」，我們幻化的肉體就是法身。小大圓通，始終無礙，學佛法是圓的。「煩惱即是菩提，生死即是涅槃」，生死就是不生死，這句話不是普通人都能證得到的，唯有證到了才能享受，證不到不能享受。這個道理的涵義，就像中國人民銀行，中國銀行是人民的，我也是中國人民，你到銀行拿錢行不行？辦不到。理上是全國人民的，有我一分，理上具足，但是沒有受用，你想受用辦不到。說我跟諸佛平等平等，諸佛有那麼大的神通妙力，你有嗎？你生死就是生死，不是涅槃。你苦就是苦，苦不是樂。一個悟一個迷，有天淵之別，這種道理要反覆的思考。

我們說大悲，大悲得有智慧，沒有智慧的大悲，自己也墮落。那叫什麼呢？愛見大悲。你是從情感、從愛見、從煩惱所生的悲心，這個不是大悲。觀自在菩薩那個大悲不同，他是證得的。我們在漢地，看見的觀世音菩薩，現的都是慈悲相，女人代表慈悲，都現的女相。你看印度的佛教，大悲菩薩不是慈悲的。看西藏供養的觀世音菩薩，現馬頭金剛，現種種極惡之相，看他到哪一道，示現度哪一道的眾生。

大家知道「放燄口」吧？觀世音菩薩在放燄口現的就不同，是餓鬼！你看著會把你嚇壞了。跟我們畫的、塑像的觀世音菩薩不一樣。我們所知道的都不是眞，都是偏見從你迷惑的、所看的，不是眞實的。你觀色，一切色相、一切境界相，都是實的，不是空的！等證得空理，知道都是假的，不是眞的。佛教的道理，為什麼要學？學的目的，有兩方面，一個眞，一個假；一個空，一個有。我們出家的妙門，叫空門，出家遁入空門，我們這些師父們進入空門，空嗎？不空。因為還沒有脫離三界，沒有斷見惑、思惑，看見什麼都是實有的，空不了，你那思想就是實有的；所以進到裡頭，門關上你出不去。若空了，門也是空的，身體也是空的，無障無礙。

阿羅漢都有這種境界，但阿羅漢得入定，不入定不行，大菩薩不用，不入定也可以。要這樣來理解佛教，這樣來生信心，要面面觀。我們莊嚴佛國土是實有的？是空的？在眾生邊，一切境界確實都是實有的，在諸佛菩薩邊，一切境界如夢幻泡影，沒有眞實的，這是有智慧，要這樣來認識。說你入佛法門，乃至看一切諸佛果德，得作如實觀。如實觀的這個實，不是我們實在的「實」，實相理體，就是我們本具的佛性，這叫正觀，離此就不正觀。

《楞嚴經》上教授我們，一切境界用你的心去轉，心能轉一切境界，跟佛一樣，無二無別。心被境轉，說你的心，被外邊境界相轉了，你就是眾生。完全是萬法唯心，佛教常說的萬法唯心。現在你相信不相信這個心，我們說有沒有信心？凡是三寶弟子都說有信心，沒信心我能信佛信法信僧嗎？信佛信法信僧是不錯的，但是主要問題，相信不相信自己的心？有信心沒信心，這是說信不信自己的心，這樣來驗證有信心沒信心。信心是什麼呢？相信自己的心跟釋迦牟尼、跟阿彌陀佛、跟藥師琉璃光如來一樣的，心即是佛，佛即是心，我們所要學的信心，是學這個信心，要相信自己是佛，如果不相信自己是佛，永遠也成不了佛。這是講信心，講到究竟了。

信為道元功德母　長養一切諸善法
斷除疑網出愛流　開示涅槃無上道

我先講道。道是什麼？他有兩種，一種果，就是諸佛菩提涅槃道。涅槃是不生不滅的，菩提是覺悟的究竟果德，這是果。這個果是怎麼得的？是因來的。必須修因契果，在修因的時候契合這個果，三賢十聖，三賢有三十位，十住、十行、十迴向，這稱賢位，信位不算。信？你的信還沒入位，光有個信心，沒入賢位。聖？初地到十地，見了法性。初地菩薩再發菩提心修行，眞正入道。入了道，道是菩提道，是佛的果德。「道元功德母」，是信。「元」是什麼呢？本義。「元」是本來的，菩提的根本就是元，滔滔大水必有因源，大水出生的一定有發水的源，它的源頭，這是「元」的意思。

還有一個，是首義。首義是什麼呢？善之長者。善，什麼是善？開始初心那個善。道，這就叫道。「信爲道元（「元」字或作「源」）功德母」，母是生長功德，叫功德母。沒有這個信心，道修不成，功德長不出來。這個信，就是「信爲道元功德母」，一切道、一切發始修道最早的生長義。信才能入，因爲信了，爾後在三寶培福田，「長養一切諸善法」。若深入的追究，要學佛所教授的方法，斷除疑惑！我們現在什麼都打問號，都在疑惑當中。「疑網」，像打魚網似的。我們說因陀羅網，這個網把你網住了，恩愛牽纏，永遠出不去，「斷除疑網出愛流」。因此，必須「開示涅槃無上道」、給你解釋佛的果德，不生不滅的果德。

凡是說「母」就是生長的意思，每人都有媽媽，媽媽就是母親，我們的生長、養育都是母親撫育的，母親撫育你才能長大。信就像媽媽一樣，因爲信撫育你，才能夠成佛，「信爲道元功德母」，能夠長養出來一切善法。長養善法，就是斷除惡法。「斷除疑惑出愛流」，愛就是生死根本，就是貪愛的愛，這個愛主要是指男女關係！如果把愛念斷了，證了初果。沒有行爲了，斷了念頭。再深入的，初果進入四果，以這個爲主。你要想成道，反過來了，「道元功德母」，斷除一切癡愛。無明癡愛是墮落的，這叫生死根本，斷了這個，超出生死，沒有染愛，才能夠證涅槃。信有這麼大的力量，「信爲道元功德母，長養一切諸善法」，這就入了信。信三寶、信三寶，就是這個涵義。因爲信能夠斷除癡愛，能夠斷除愛情，斷除無明，能夠證得不生不滅的道理，成佛。

信無垢濁心清淨　滅除憍慢恭敬本
亦為法藏第一財　為清淨手受眾行

不靠信，你清淨不了，前面講〈淨行品〉，因爲信，文殊教授我們念淨行，把垢濁心變成清淨心，這個時候沒有我慢貢高，這個信是根本。

信有這種的力量，信了可以入佛的法藏，能夠入佛教理的大藏經，就是「法藏」。法寶、藏經，藏者含藏義，含藏一切了生死的方法，第一財富。但是想要受持佛法，受持法藏，得有清淨的手，這是形容詞。心裡清淨，是對治心裡不清淨說的。心裡怎麼樣才能清淨？靠著信，信了就把不信三寶、譭謗三寶的濁流變成清淨。信理，要信理，感覺一切衆生都是我的父母，一切衆生都是我的老師。你還能起驕慢嗎？對待父母，對待自己的師長，不會生驕慢心。因爲信理了，看一切衆生都是父母、看一切衆生都是佛，在理上講，叫《華嚴經》的理法界。

信《大藏經》裡頭所含藏的，所有聖人的財寶都能具足，信爲第一。得有信，沒有信是不行的。信了要能夠奉持，就像我們的手能夠持諸物一樣，持著三寶，持著佛法。還要相信世間一切財寶不可靠，是作夢的，像夢中的財富不可靠的！人生不過百年，你來的時候什麼都沒有帶來，人下生的時候，連個布條都沒有。死了之後，一燒什麼都沒有！說還剩個骨灰，骨灰也沒有了，經過兩百年、三百年，再去找骨灰，骨灰也沒有了。

〈大智度論〉說，佛法大海信爲能入，佛所說的法像大海汪洋似的，唯獨信才能取到一滴水，不信不可能。你想增長福、增長智慧，得有信心，沒有信心福慧增長不了。要達到福慧兩足尊，莊嚴你的果，沒有最初這個信心，是辦不到的。

信能惠施心無悋　信能歡喜入佛法

信能增長智功德　信能必到如來地
信令諸根淨明利　信力堅固無能壞
信能永滅煩惱本　信能專向佛功德
信於境界無所著　遠離諸難得無難
信能超出眾魔路　示現無上解脫道
信為功德不壞種　信能生長菩提樹
信能增益最勝智　信能示現一切佛

信呢？信佛的教授、教導，你布施起來沒有慳吝的心。有信心了，歡喜了，才能進入佛法。因爲有了信心，學佛的教導，智慧、功德才能夠增長，沒有信心能增長嗎？因爲信了，增長智慧了，才能夠到成佛，到如來地。

要相信佛的教授，依著佛的教授去修行，你的眼耳鼻舌身意才能夠明、利，明利就是有智慧。信力堅固，任何事物不能壞你的信心，你的信有力量了，信力堅固，沒有能破壞你的信心。必須得達到初住！換句話說，信滿心！信滿了，有信心才能夠滅除煩惱，信心是根本。有了信心，信才有力量，有了力量才能堅固，使你的功德不壞。有了信心對任何不起執著，知道如夢幻泡影。因爲我們沒有信心，才會遇到諸苦難，有了信心，像佛功德，滅了煩惱的根本，一切苦難都消失了，沒得障礙，對任何境界不執著，不論好的、壞的、苦的、樂的，酸甜苦辣這些境界相都不執著。有了信心，才能超出一切魔的境界，不會走魔，不會著魔，不會行邪道。有信心了才能得到無上的解脫，超一切魔路，示現無上道果。有了信心使一切功德的種子永遠不壞，能生長菩提，因為有信心，能增長最勝的智慧，示現成佛，究竟成佛。

這一品是文殊菩薩說完〈淨行品〉，再請賢首菩薩解釋，怎麼能使淨行不再受染污？從清淨行修行，直至能成道果。這裡頭包含信、進、念、定、慧。要使信生根，信心、精進心、念心、定心、慧心，信進念定慧，五個生了根，才產生力用，力用產生了，才能消滅煩惱，證得菩提，斷一切煩惱證得菩提果。我們過去沒有植福、沒有福德，過去沒有深入佛的教導、學法，沒有智慧。福田與智慧是成佛的，福慧具足，這叫兩足尊，福足、慧足，但是都靠信。

這一品是賢首菩薩教授的，信已成根，不動搖了，不被其他的不信所傷害，就是信堅固。在這個基礎上，再發起菩提心，有了力度，效果就好了。入了初住，利益眾生，能到十佛界，就像南閻浮提，像釋迦牟尼佛，示現八相，在百界之內，一百個娑婆世界，像娑婆世界這樣子示現成佛，信滿心就有這個力量。一發菩提心，發心即成正覺，發了心就能有利益眾生的力度，那就有神通。神通就是用，因為信心，信自己這個心，心是通的，這個心是自然本具的妙明眞心。妙明眞心產生了神通，神名天心，神是你自然的那個心，他起了妙用叫通，通是力量，神通妙用。信自己心，一信了達到信根本，在一萬大劫裡頭，修行信心，修行成就了，就達到初住地位。專依靠自己的心，一切外境，一切境界相是虛幻的，是空的。對一切境不執著，這是正信的佛子。

信滿心，再不具足八難，八難蠲除，一切魔所不能擾，能夠得到解脫，能夠不壞根本的法性，不壞體性，這就叫菩提根。一登了發心住的菩薩，直至成佛，增了佛的殊勝智慧！這跟權小不一樣，跟權乘菩薩，跟二乘聲聞，跟緣覺不一樣，這是發大心的菩薩，信心滿心，登了十住，他相信自己的心，爲什麼？他究竟見佛，曉得自己的心就是佛，這叫自佛出現，自己的佛生起了。心外無佛，心就是諸佛，心也是阿彌陀佛，心也是釋迦牟尼，心是一切諸佛。一切諸佛都現前，到十住的初住菩薩，他能見一切佛。

這個信心要經過好長時間修行？從信樂三寶開始，一直達到成就，要一萬大劫。我們現在修行到好多時間呢？我們沒有登初住，這裡頭也許有示現的，大菩薩示現，那不知道了。拿一般的學佛者說，現在我們是培育我們的信心。自己可以驗證自己信到什麼程度？剛才我說那幾種例子，能止惡行善，不起惡念，看我們自己做到做不到？有人破壞三寶、毀壞三寶，能捨生命維護三寶的利益、維護佛法僧的利益？我們能做到做不到？依著次第來說，現在我們是講次第，講《華嚴經》的兩種境界，一種是行布，一步一步走；一種是頓超，頓超就是圓融，像善財童子一生成佛。初發心見了文殊師利菩薩，文殊菩薩叫他參訪善知識，參一個善知識證一位，參一個善知識證一位，一生成佛。有沒有次第？有。但是這個次第是頓的次第。有的一聞到《華嚴經》就開悟了，一聞著《華嚴經》，聞著法就進入十信滿心，發菩提心就登了初住。

但是這個信非常的難，就像我們在這個世間當中，在人世間當中，現實生活當中，你能不能得到一個如意寶，讓它產生什麼就產生什麼，讓它產生一個樓臺殿閣，它就產生一個樓臺殿閣，讓它產生一個國土，它就產生一個淨國土！就在混濁的五濁當中，產生一個清淨的，能有這種的力量。因爲信是最根本的，就像清涼國師跟我們說，信樂三寶的信，乃至於方便十度，依這個次第，信是最早的。信是最殊勝的、是最難得的，現在你在人世間想得如意妙寶珠，能得到嗎？這個世間有嗎？就像帝釋天的天王，他有一個如意珠，在娑婆世界，他想得到什麼，寶珠上就示現什麼，這是他的福德智慧。關於信心的力量還多了，不是我這個很笨的、沒有智慧說得出來的，功德說之不盡！效果非常殊勝。所以依著修行次第來說，這個信能生起最殊勝的快樂，非常難得。我們想希求達到信心，很難，甚難得。

諸位道友信了三寶，要落髮修行了，可是你還沒有信。你這個信很淺，還得深入，達到前面文殊師利菩薩教授我們的信，讀〈淨行品〉！這個信就深入，是住位了。不是我們一信三寶就能行布施、持戒、忍辱、六度萬行，辦不到的，力量還不夠的。

培育信心，把信心培植到很殊勝的，達到初住的菩薩，十信滿心達到初住的菩薩。這個時候你產生很多殊勝的因緣，前面講四因四緣有十種殊勝的道理，現在我們引證的是五種殊勝的道理。

「信爲道元功德母，長養一切諸善法，斷除疑網出愛流，開示涅槃無上道。」這段經文，我們重新講，爲什麼？我跟大家一樣的，不信。這個信我們講了很久，〈淨行品〉文殊師利菩薩教授我們，要講信，初信。現在賢首菩薩又教授我們信圓滿，信圓滿了還要回頭講信，本來入了住位，還要講信。講信講久了，最後沒人聽了，不信！信嗎？信是成佛的根本，了生死的根本，如果你想斷煩惱，想成道業，想得解脫，信還是沒信，能辦得到嗎？「母」是生長義，你若想入佛門，若想了生死，若想斷煩惱，若想心裡愉快安樂，你連信都還沒信怎麼辦得到呢？我們把這個反覆來講，爲什麼？

我想起自己當學生的時候，什麼情景？我們那五年沒有學生缺席的，沒有什麼星期禮拜，沒有假期，可以說五年如一日。現在不行了，才七十多年，變化這麼大，若再過七十年呢？再過一百年呢？我們佛教的面貌不曉得變成什麼樣子，爲什麼？沒有信心。你若想得解脫，若想了生死，若想斷煩惱，你連佛都不信，能斷得了嗎？這就是重講的原因。

天臺山國清寺的後山有位老比丘，給我打電話。他跟我說了很多，他說：「你說的《占察善惡業報經》，我也用了。」我說：「你怎麼用的？」他說：「我占察，問我哪道來的，說我從地獄道來的！」我說：「你是不是地獄道來的？」他說：「大概是吧！」我說：「你受過三皈沒有？」他說：「我當了比丘都好幾十年。」我說：「當了比丘好幾十年，你連三皈都沒受，你根本就不是佛教徒，你所說的話，跟佛教不沾邊。」當然我們普壽寺不見得有這樣的人物，普壽寺在外的名氣很好，道場很好，實際上自己檢查我們有沒有信心？信到什麼程度？相信自己能了生死嗎？信是修道最原始的，沒有信還能長養功德嗎？還能有善法嗎？信不是一句話，相信不相信佛的果德？相信不相信佛所教授我們成佛之道的方法？信是一切的根本，「佛法甚深如大海，唯信能得入」，你連信都不信，怎麼能入得到！

你信了，就這一個信把身心的垢染，洗得清除！用佛法來沐浴，用佛法來洗，你的心才能得清淨。現在我們的道友，特別是年紀輕輕的，不知道佛法的深厚，也不知道天有好高、地有好厚，說話、做事、用心、想像，都是信不具的表現。沒有信心，你能把垢濁處理清淨嗎？驕慢，含攝的意思非常廣。不信奉三寶的具體表現，自己總認爲自己了不起，錯了！那叫煩惱。煩惱沒什麼了不起，衆生跟衆生都是鬥煩惱，大家看看現實吧！國跟國、人跟人，就是鬥煩惱，看誰煩惱重！我們自己是業障，現在所受的是業報身，具足一點點的善根，能夠得遇到佛法，在這個基礎上，要把煩惱、驕慢除掉，才能得到解脫。

信是入佛法藏的第一個財富，我們說法財，法的豐富就是財富，這個財富比世間財富不同的，世間財富我們要失掉，你一死就失掉了，你的法財永遠不會失掉。肉體沒有了，法財存在的，清淨信心存在的，不會失掉。你修任何的法門，乃至現在受個三皈五戒，乃至只受三皈，你得有受持，受持是領納於心，或者表示於行動。行布施也得有信心，信自己、信他，受施者、信所施之物，究竟是三輪體空，沒有能施者，也沒有受施者，也沒有所施物！這個我們辦不到，但是我們惠施，以智慧行布施道，使別人能受到恩惠。沒有信心他會有吝嗇的，沒有信心不能歡歡喜喜入佛法的。我們都想求智慧，連信心都不得增長，你能增長智慧嗎？我們想眼耳鼻舌身意六根清淨，都有智慧，你連信心都沒有，能夠得到這些嗎？遇到任何境界不執著，建立在什麼上？什麼都看得破、放得下。一者是佛菩薩加持，二者是你的心能跟佛菩薩結合到一體，就是靠信能入的。

我們想斷煩惱連信心還沒有，能斷了煩惱嗎？我們求佛、拜佛、禮佛，求加持的時候，都是求佛菩薩的功德加注在我們身上，對任何境界不起執著念頭，你沒有信心能做到嗎？因爲有了信，才能夠遠離三災八難一切苦果，不然怎麼離？我們在修道的時候，經常遇些障礙，遇些魔難，在身心所受的有種種苦惱，因爲信心不具足！我們看看信心具足了，十信滿心，登初住位，能夠到百界作佛，是什麼境界？信心剛成就而已，遠離一切災難。當你求諸佛菩薩，先求自己，建立起信仰三寶的心沒有？對三寶還沒有眞正的信，其他的什麼都談不上了！不管出家好多年，不管學了好多佛法，都成魔業。所以「信爲道元功德母」，才能「長養一切諸善根」。發菩提心，成菩提道，就靠信來撫育、滋潤，以智慧水來灌溉菩提樹，你那菩提樹才能成長。我們都想求智慧，增長智慧，但是沒有信能行嗎？我們以這個清淨的信心，就是我們本性所具足的性體，用信來洗刷不信的污濁、污染。信理，理是什麼呢？信我們自性，我們自性跟諸佛平等，跟一切衆生平等，你還有什麼驕慢的？沒有了，平等平等，你不比誰強，驕慢不起來。

信心是一切法財的根本，你說你窮、沒錢，世間上的沒錢就是沒有生活資具，如果在佛法上沒有法財，你貧乏，對佛法你就無所知，聖財不具足。相信世間法一切都如夢幻泡影，相信身體如夢幻泡影，那就沒有什麼貪愛。我們想漂流度生死大海，沒有信你度不了的，唯信才能度。你要想增長智慧、增長福田，沒有智慧辦不到的，沒有信心辦不到的！這個信就是智慧的根本，沒有智慧你不能信入，能信入就是代表智慧。所以我們反覆講這個信。好多障緣使你不能信入，說信還有障嗎？現在大家都被障所障住，信不能入位。

現在你跟哪位道友說，或者出家五六年、十來年，說你的信心還不具足！他一定發火，不發火他也不高興，說你胡說八道的，說我沒信！信是有條件的，不是我們自己口說，要看事實！你得以事實表現，不然文殊菩薩、賢首菩薩爲什麼這樣反覆地說信，一切諸佛成道是從信心起的，沒有信心怎麼能修成道業呢？說我們求文殊菩薩、求觀音菩薩、求地藏菩薩，從來沒見到過，沒得到菩薩加持，菩薩沒現身，沒給你摩頂授記，沒給你注入灌頂水，那說明什麼問題？說明你還沒有信。有信位的菩薩，司空見慣，隨時跟諸佛菩薩打交道的，你還沒有信心當然得不到。所以，文殊師利菩薩如是說，讓我們行〈淨行品〉成就信心。文殊菩薩自己說完了之後，又請賢首菩薩說。

是故依行說次第　信樂最勝甚難得
譬如一切世間中　而有隨意妙寶珠

賢首菩薩現在講的就是信，信完了之後還有行。信的次第，信完之後行的次第，信完了才能去作，信行次第。我們學禪宗的人不願意聽經，聽起來他煩惱！因爲他什麼也不想，明心見性，直指成佛，多簡單、多愉快，一下子就成佛。有這等事嗎？信的次第要一萬大劫，他有你表現的事實，不是說空話，不是講空。要講空，你把空的行爲表現一下，什麼叫空？罵你幾句，打你兩耳子，批評你一下子，你馬上就不空，還空得起來嗎？信不是那麼容易得到的，也不是我們說我現在信佛、信法、信僧！你怎麼樣信的？你信了得到什麼酬報？你馬上就現相了，什麼叫現相？現不信。信要有具體的事實，你得到沒得到，沒得到的沒有入信位。乃至一天的世間法，稍微一不順自己境界性，信佛、信法、信僧的念頭沒有了，煩惱馬上就來了。這些話都是我們初學道的、修道的最根本，不能摻加一點的虛僞，不能摻加一點的雜念，才叫淨！我們的信摻雜很多的貪瞋癡，怎麼能得到快樂？怎麼能得到佛法的加持？只是得到點人天福報而已，人天福報是得到的。信之後要在行上來驗證，行也不是頓行，是次第驗行的。我們沒有那麼大的根機，就是說我過去多生累劫沒有經過修斷，修是斷煩惱的，因爲有修，才能有斷。

現在我們是信三寶相，我們還要信三寶性，講〈大乘起信論〉時一再地講，相信自己是佛！這個信很難了，相信自己是法，相信自己是僧，這是自體三寶的相信。現在我們都想修行、修道，上殿、過堂、念佛、吃齋、誦經，我們有一部分同學天天讀《華嚴經》，讀了好多年！起碼有五年以上，是不是具足信心來讀的？每天誦，相信不相信華嚴境界？相信不相信自己能成佛？相不相信我這個幻化空身即法身，有這個信力嗎？如果沒有這樣信，你所讀的是世間福報。因爲這個信，賢首菩薩教授我們，是最勝義的、是法寶中之根本、是希有的、難能的、是清淨沒有渾濁的！是尊貴的，不是一般的，不是天王，不是國王，不是那些尊貴的人士，不是世間相，而是出世間相。所以在賢首菩薩分別這個信位，分別的非常之多，反反覆覆都是這樣說，只說個信。這個是信成就。

若常信奉於諸佛　則能持戒修學處

若常持戒修學處　則能具足諸功德
戒能開發菩提本　學是勤修功德地
於戒及學常順行　一切如來所稱美
若常信奉於諸佛　則能興集大供養
若能興集大供養　彼人信佛不思議

「若常信奉於諸佛，則能持戒修學處。」「常信」，信什麼呢？「信奉於諸佛」，信佛教授我們的法，眞實的、沒有虛謬的、沒有誆騙的。若能相信佛教授的法，你才能夠持戒修學處，才能持戒，才能修戒。「學處」是什麼？就是戒。但是必須得信，常信。因爲常信了，信不退，住了，住位了，你才能夠持戒修學處。學戒、持戒具足功德，具足一切諸功德，開發菩提心，才能成就菩提果，這是根本。現在我們不是有一班道友從開始就學戒嗎？恐怕學了好多年吧？五年以上的好多道友，都學了五年以上的。

學戒，學了戒了，能持戒了，開發你菩提心的根本。只是說學戒，那麼要勤精修習不退，勤修戒律所得的功德。戒告訴我們什麼？告訴我們防身口意，不作一點的錯誤事情，就不作惡，隨你的學處常時隨順。這是一切如來所讚歎的，受一切眾生供養的，自己也上供養諸佛，才能興集一切大供養。這樣的信佛，功德無量，是眞正的信佛、清淨信佛，不可思議的！信了佛，也信佛所說的教法。

若常信奉於尊法　則聞佛法無厭足
若聞佛法無厭足　彼人信法不思議
若常信奉清淨僧　則得信心不退轉
若得信心不退轉　彼人信力無能動
若得信力無能動　則得諸根淨明利
若得諸根淨明利　則能遠離惡知識
若能遠離惡知識　則得親近善知識
若得親近善知識　則能修集廣大善
若能修集廣大善　彼人成就大因力
若人成就大因力　則得殊勝決定解
若得殊勝決定解　則為諸佛所護念

常信奉一切尊法，就是佛所教授的一切佛法，覺悟的方法。常時聞法無厭足，聽佛法沒有疲厭的時候，沒有滿足的時候，假使能夠聽佛法無厭足，才達到信法。

信佛、信法，常時信奉清淨福田僧，這就是信仰三寶，佛法僧三寶。爲什麼說信佛法僧是一切根本？那可不是一句話，不是我們受了三皈五戒，受個菩薩戒，乃至成了菩薩，還不信佛法僧三寶，有嗎？乃至於沒入信位的菩薩，他信佛法僧三寶，還求三寶過。「求三寶過」就是這位比丘師父不對了，那位比丘尼師父不對了，這就是求三寶過，不是指責某一個人，而是整體的僧寶。恐怕我們都沒有把這個看成是重要的地位，隨時批評這個道友，批評那個道友，背後說這個道友，說那個道友，這不叫清淨信。我們所有的錯誤，謗毀三寶的錯誤，自己還不知道，爲什麼？學的不夠。我就聽過好多人向我說三寶的過。這指的是整體的，不是個人的。要能夠信奉佛、信奉法、信奉僧，但是要淨信，清淨的信，這個時候才能說他的信心不退轉，入了初住位，再發菩提心。這個信的力量，任何力量都動不了，「彼人信力無能動」。

這段偈頌說，若能夠這樣奉持，就叫修行，這是最上的修行。信三寶能成了行，把信變成行爲，這個時候產生信的力量就大了，十信滿心。能夠止一切惡，行一切善，發了菩提心，這才叫眞正的發菩提心。但是這個眞正還不是眞正，而是相似的眞正。眞正發菩提心，眞正信奉三寶，信奉到什麼地方？必須得登初地菩薩，就像我們最初開始講的，相信自己就是佛，相信一切衆生都是佛。建立心性了，達到性體的本體才能認得到，衆生原來就是具足佛的法身，那就信自性三寶，自身就具足三寶，這個信心的功德有好大？一信就能滅一切業障，然後就信心不退，再不退墮，你還有什麼煩惱？剩下的就是無明，還沒有完全成佛，還有無明在，還有習氣在，現行的煩惱沒有了。這樣信所產生的力度，這個力量非常之大，任何天魔外道，無論什麼力量都動不了你的信力，信產生力度。

賢首菩薩偈頌告訴我們：「若得信力無能動，則得諸根淨明利。」你若想六根清淨，有大智慧，就像文殊菩薩拿利劍似的，斬斷一切惑業，若能得到信力不能動，這時候你的眼耳鼻舌身意六根，才能清淨了，這是開大智慧。這是信佛、信法、信僧、相信自己，這個信的力量任什麼勢力都動搖不了了，這時候眼耳鼻舌身意六根，放光動地得大神通。

我們不是說空話，我們每天修行，當自己上床休息睡覺的時候，回顧一下，今天自己所行的，自己心裡所活動的，都活動些什麼？能不能入門？我不是說信達到這種信力，說能不能信？我們平常說有信心沒信心，你拿什麼來論斷？現在我們講〈賢首品〉，對照一下就知道！這不是我們自己說了算的，得看你具足什麼行爲，你的思想思惟，入門沒入門？進入沒進入？

你要遠離惡友，遠離惡知識，如果信力諸根不明利的時候，你分辨不出來，什麼是惡知識？什麼是善知識？你可以用佛教授我們的方法，或者此品賢首菩薩告訴我們的，來驗證他是惡知識或善知識！你自己的眼睛看他，聽他所說的，見他所行的，你自己判斷吧！你判斷不出來，把賢首菩薩教授我們這個問題，拿著對照一下吧！你不遠離惡知識，怎麼能親近到善知識？連善知識、惡知識都分辨不清楚！什麼是善？什麼是惡？若能親近善知識，才能修集一切諸善法，善知識所教授你的，都是善法。

這個善法是什麼善法呢？成佛的善法，不是人天福報，不是二乘聲聞緣覺的果報，而是如來的種性，成就佛果，是引導你成佛的。眞正的善知識，才使你所行的，積聚廣大的善業。這個信就是你產生的無盡無量、不可思議的因力，因的力量。若有這個因，這是什麼因？成佛的因，這就成就了大因力，不是一般的因力，直指成佛。信有這麼大力量，對一切佛法，你產生的是明了，產生大智慧，然後就能進入解，信、解、行、證，四大程序。你成就大因力，才能得到殊勝、不可思議的，理解一切佛法的道理，乃至得到解脫。

到這樣程度了，就是修行、信力、乃至依著信心所成就的行爲，才能夠得到諸佛的護念，我們想得到諸佛常時護念，常時加持，你得跟諸佛所接上線，這就是你具足了信位，十信滿了，信位具足，你所行的都是佛所行的，佛的因地就是這樣修的，你也能證得了。

若為諸佛所護念　則能發起菩提心
若能發起菩提心　則能勤修佛功德

如果沒有發菩提心，所作的不是佛事，不能成就佛功德。怎麼樣才能具足發菩提心呢？諸佛護念你，你才發起菩提心。諸佛怎麼才能護念你呢？因爲你得到殊勝決定的解，這個殊勝決定的解是因爲你在因地之中修得的大力量、大因力，這個大因力是因爲你遇著善知識，善知識教導你，廣集一切諸善法。再往回頭講，就是你的信力無能動所得到的，信沒有力量，常時動搖，這些效果都沒有了，不可能有這些效果。社會上的事情往往是相反的，現在大家在普壽寺，在這裡當學生，是大眾的一份，不管你過去的業如何，到此停止了，不相續。你在普壽寺學習的業，一天身體所作的、口裡所說的、心裡所想的，重新的開始。在開始當中，你一天所學、所作、所行，作爲另一個因力，另一個段落。這個段落你所行所證得的，當你壽命盡了、該死了，大家一聽著死，可能心裡有點不大舒服，都得死，我們這些幾百人，一個也剩不下，都得死！死是必然的，想不死還成嗎？辦不到。但是我們怎麼死？一樣的死，但是我們死的跟他們死的時候不一樣的。

你若不相信，我說個最起碼的條件。我們這裡頭不論哪位道友，這段世緣盡了，他就要死了，起碼他得到現有的大眾給他送行，送他走。這好幾百人，有念《華嚴經》、有念阿彌陀佛、有念大經的。例如我們正講《華嚴經》的時候，他死了，沒有這個福報吧？要是有這個福報，在他聽《華嚴經》當中死了，我們把講《華嚴經》功德，大家聽《華嚴經》的功德迴向給他。

他這個力量大了，不只是三十三天，他若想生極樂世界也一定能到得了，不是他的力量，而是大家的力量，這是他力。有這個福報嗎？我說這個話你們可能有人說，我到這兒聽經聽死了，還說這是福報？當然是你的福報，你的死不同。有的正是我們講《華嚴經》，他也沒聽，他離開了，死到別處了，這個功德他沒有，跟他親近的道友可能給他念念，這個力量很小很小，完全不同。我們看見很多道友要死的時候離開五臺山，他到外頭去死，五臺山不要他，他沒有這個福報。這個大家可能不理解，到一定時候你就理解。明明他要死了，這個聖地把他擯除，不讓他死到這兒，沒有這個因緣。說死還要一個福德，這死比活著福報還大，最後有道友助念，跟沒有道友助念，那簡直天淵之別，比自己修行力度要大得多。爲什麼？這裡有聖人，誰知道哪個是聖人？他也不告訴你，我是聖人，成了道，他若說了又犯大妄語，他不能說，這叫不可思議。

能得到諸佛護念，你得得到一定功力，剛才是比喻。依著大眾的護念，你在大眾當中，不管平時人緣好壞，平常不見得大家都說你好。感到你死了，大家可都說你好了，不念你那過去了，就把你送終，走了吧！了了！了了是一段，了不了！我們平常說死了死了，死了就了了，那是在家、社會的說法，不是佛教徒的說法。佛教徒死了並未了，什麼沒了呢？你所作的業，所積的福報，所造的罪業，清清楚楚的，在那兒擺著。然後再一段一段的發生吧！若能感得諸佛所護念者，他一定能發起菩提心。著重在發起菩提心，若能發起菩提心，發起慈悲喜捨，大慈悲心、大智慧大般若，厭離世間，度一切衆生，讓一切衆生厭離世間。發了菩提心，他才能夠精勤不懈的修一切佛法，沒有這個菩提心，所修的法都不眞實。

若能勤修佛功德　則得生在如來家
若得生在如來家　則善修行巧方便

賢首菩薩是一句連一句的，若是發菩提心，則能勤修佛功德。若能勤修佛功德，才能得生在如來家。若得生在如來家，才能善修行巧方便。這回善巧方便的智慧就有了，度一切衆生的善巧方便，這個非常之難。大家可能不信，我在這兒說的不是善巧方便，所以大家也得不到。假使由文殊師利菩薩來說，那完全不同了，說者關係非常之大。我們若能請到文殊師利菩薩給我們說，都願意再聽釋迦牟尼佛的在世說法，但是沒有這個因緣，沒有這個福報，我們生在釋迦牟尼佛末法，還不錯，你還趕上個末法！恐怕連末法也沒趕得到，沒得法了，你還能積到福德嗎？

若能夠得到佛功德，才能生到如來家。什麼是如來家？說你信心滿心發菩提心，這就生到如來家裡。如來家裡都是菩提，發菩提心就生到如來家。現在我們學著發菩提心，我要利益衆生，發四弘誓願，天天在發！若能到天天發、念念發，那就不得了了，能生如來家。若能生到如來家，就能有一切方便善巧的智慧。生到如來家就是佛子、如來子，那就眞正的佛子。那有大智慧，能生善巧方便利益衆生。那時候你得到欣樂信佛的信心，達到成就了，心裡生起清淨的快樂，一切切污染沒有了！這叫什麼？住如來家，發心住，而後再發心，越發心越增長，越增長越殊勝，越殊勝越增長，直至成佛。

若善修行巧方便　則得信樂心清淨
若得信樂心清淨　則得增上最勝心
若得增上最勝心　則常修習波羅蜜
若常修習波羅蜜　則能具足摩訶衍
若能具足摩訶衍　則能如法供養佛
若能如法供養佛　則能念佛心不動
若能念佛心不動　則常覩見無量佛
若常覩見無量佛　則見如來體常住
若見如來體常住　則能知法永不滅
若能知法永不滅　則得辯才無障礙
若得辯才無障礙　則能開演無邊法
若能開演無邊法　則能慈愍度眾生
若能慈愍度眾生　則得堅固大悲心

但是，修行的善巧方便很不容易。每位道友的根性不同，修法所選擇的行道，你善於運用，就叫善巧。睡覺、吃飯、穿衣服，這些平常的事，但是你有智慧，有了智慧就善巧，怎麼樣善巧？我們吃飯要念個偈頌，乃至於穿衣服，穿上衣有穿上衣的偈頌，這是文殊菩薩教我們的，我們根本不知道也不會。剛學完〈淨行品〉，可能有些道友沒忘，這叫善巧方便，本來是穿衣服、吃飯，這有什麼方便？但是這是智慧、是修行。如果沒有聞到佛法的人，他知道這些事嗎？說我們已經聞到佛法、出了家，他沒學〈淨行品〉，從來沒聽說過，他能有這個善巧方便嗎？我們學了，知道了，不去用，也沒有這個善巧方便！用的時候，行的時候，不是全心貫注，念頭上沒全神貫注，馬馬虎虎的，不是精勤的專心清淨行，你所得到的功德是一般的。如果全神貫注了，把一百四十一大願，念念都貫注的時候，成了，那就是修行的巧方便，善巧方便，方便得到根本，也得到文殊菩薩根本智慧，得到文殊師利根本智慧，二死永亡！那不是分段生死，變異生死也亡了，成大菩提，這叫最勝心。

我們自己回想一下，〈淨行品〉聽完了，有幾位照著文殊師利菩薩說的〈淨行品〉去作？從早晨一睜開眼睛，穿衣服、吃飯。「師父，我背不得了！」「那你念一遍。」每天早晨把〈淨行品〉念一遍，當臨境的時候忘了，說我早晨念過了，還有個藉詞。作了嗎？照著作的是有，恐怕不作的比作的多！我不是考大家，回想回想吧！你作沒作？沒作，沒作你得不到文殊菩薩的智慧，怎麼得？文殊菩薩教你怎麼作，你沒作。賢首菩薩教你怎麼作，你沒作。那還想成佛，還想了生死！你還按著你一天該怎麼作、去怎麼作，那是生死，這是出生死。了生死很簡單，兩條道，我們走的還是生死路，不是走了生死路，這是最上的唯心法門。他若作的很形式，那是給人家看的，不是心裡的！〈淨行品〉是你心裡的，不是給人家看的。

有些善用其心者，把觀心法門用的很好，所以他的心裡容易清淨。觀心法門作的不怎麼好，相上作的很好，看著很拘謹的。有人講戒律，不注重眞正的大戒，只注重小的，誰遞給個什麼東西，擱這兒吧！我不能拿你的。然後擱在這兒，再去拿，完了說個「與」，說「與」就不貪嗎？說「與」，表示沒貪心，結果說完「與」，還都是「我的」，還是照樣的貪，那是假的，那不是眞的。

心地法門是從自己的心生起！文殊告訴我們善用其心，一天怎麼用這個心，不是作假相給衆生看，裝模作樣的效果不大。眞正從你的心，整個一部《華嚴經》就是心地法門。先從開始，怎麼使你的心增上，增上了最勝心，最勝心是什麼呢？心裡清清淨淨的。這個時候所學習的法，都是到彼岸的法，你所學的都是波羅蜜，就是到彼岸。常修一切波羅蜜，用這個最殊勝心，常時修行到彼岸的法，這時候也具足了「摩訶衍」。「摩訶衍」是大乘法，大乘法是心法，具足了你的清淨心。以這個清淨心來供養三寶，供養佛、供養法、供養僧，這叫法供養。

如果讀到十大願王，普賢菩薩告訴我們，用法供養一切佛法僧三寶。法是什麼？

法就是心，心生則種種法生，心滅則種種法滅。大乘法就是心法，這叫波羅蜜，具足摩訶衍。到了彼岸，就具足大乘法，一切都是大乘！吃飯、穿衣、屙屎、撒尿、涕吐、便溺都是大乘法，這就是供養三寶。這些事我們很容易做到，爲什麼不去做？

我們經常說業障，業障還是業障，業障住了。什麼業呢？身口意。這個不做，貪瞋癡可去做，常時起念就是貪瞋癡煩惱。身見、邊見、邪見、見取見、戒取見，戒取見這個戒可不是我們說的那個戒，是指外道的一些戒。身、邊、邪、見、戒，把這些全都洗清淨了，這樣子來供養佛。這時候你念一句阿彌陀佛，一句頂一萬句，頂無量萬句。《菩薩戒經》裡頭告訴我們，念阿彌陀佛，南無西方極樂世界三十六萬億一十一萬九千五百同名同號阿彌陀佛！但是你念佛的心，一即一切，念佛心不動。我們念佛心動沒動？動了不是佛，不動寂靜的，就是念自性佛。我們講《華嚴經》，文殊菩薩從南方世界不動如來那兒來到這個世界，念佛心不動。

能夠常時見諸佛，常時跟諸佛在一塊，常時親近一切諸佛，這就是「心即是佛，佛即是心」，不過這個道理深一點，就是我們一切的行爲，所起的念頭也好，身體所作也好，口裡所說的也好，沒有離開佛。另外，佛者覺也！心裡常時明明白白的，永遠在覺悟當中，覺悟就是佛。這時候在日常生活，常時在佛光照耀中，一天看著你都在動，實際在定中，如來常在定！動的時候是不動，動之不動，不動而且在作一切事，達到這種境界，你那個心就住，住在佛法僧三寶。這不是究竟成佛，只是入了住位的菩薩。

在《金剛經》，須菩提請問佛：「云何住心？云何降伏其心？」我們講的都是降伏的方法，《華嚴經》就講這個。文殊師利菩薩教授我們〈淨行品〉，降伏心！把心都用到這上頭，降伏了之後心才住得住，而後住心。若想心住，必須把它降伏住，降伏住了，它就住了。須菩提問佛，怎麼樣住？怎麼樣降伏？佛答的是事相，其實就是心不動念！看著什麼境界相，跟我無緣，不動念。心不貪戀，意不顚倒。你的心不動念了，一天看你也跟別人一樣作一切事，你作一切事就沒作一切事，在定中！要如是理解，這樣子才能常見無量諸佛。若是能夠常時見到無量諸佛，那就悟得了、證得了，證悟同時的，相似！不是眞實的，這個是住位菩薩，是相似的。

見到如來的本體，叫如來的法性體，常住的，沒有八相成道，沒有說法度衆生，常住而不動。這時候看見無量諸佛的體，而不是無量諸佛的相，也不是無量諸佛度衆生的用。看見如來的本體，見了本體之後，才知道如來的體性，性體是不動的，是無生的，無生也有滅嗎？無生永遠也沒有滅，知一切諸法無生無滅，若能知道諸法永遠不滅，知道諸法無生，這時候你入到理性。雖然是住位菩薩，他辯才無礙，能降伏一切衆生，降伏邪門外道。如來體性常時不動，如來所說的法呢？體性不動，法也不動，如來所說的法，法永遠不會滅的。正、像、末，那是隨順衆生的根機，隨緣說諸法，不是本懷，本懷是永遠不滅的，永遠不動的。

知道這些之後，眞正體會到佛法僧三寶的涵義是一，佛即是僧、佛即是法！利益眾生方便善巧，那就辯才無障礙，隨眾生什麼根機，就給他說什麼法，使他聞法得理解，得開悟。所以佛演說的無量法、無邊法、無盡法，隨眾生根機。因爲辯才無礙，才能演一切諸法，能演一切諸法，一切諸法用法開啓一切眾生，慈愍大悲，才能夠度一切眾生。

度眾生不是容易的，行菩薩道也不是那麼容易的。我們在紐約組織一個菩提學會，大家共同發心要在中國四川、貴州、雲南邊界上，建立一百所小學。大悲心一發去作這個事業，會得到加持的。頭一項，他們跟我說，不是一百所，要向一千所小學奮鬥，現在有四百多所，錢哪來呢？那些弟子們、負責人捐獻。就是這樣，慈憫眾生的大悲心發起之後，這個事業會相續的。業不由己，惡業你作不了主，善業也由不了自己，越做越大。什麼意思？堅固你的大悲心，大悲心沒有止境的。

「度盡眾生，方證菩提」，這不是一句話，眾生是度不盡的！但是再回過來說，自性的眾生，沒有眾生可度。沒有眾生可度，才永遠度眾生。永遠度眾生，才無窮無盡，大悲心永遠如是，這是觀世音菩薩大悲心。知道佛的體性常住，知法永不滅，這不是說話，這是要你行爲，行爲就是契合，你的心跟佛心契合成一樣。

就像我們在普壽寺住了很多年的道友們，他的心跟普壽寺契合，有一部分老道友，他也不想離開，也沒有離開的念頭。可是住三年五年十年以下的，他有個妄想，什麼妄想呢？到外面參學參學，看看世界是什麼樣的，還有這個妄想。但是久住的道友，他沒有了。因此要知道佛體常住，我們這心要讓它常住。常住什麼呢？常住菩提。你住久了，菩提心生了，他就使你循環流轉，直至成佛，永不退轉。這就是迴向實際，迴向衆生，合起來就是一個心。一個心的兩方面，一個度衆生，一個求成佛道。其他的都是爲了成佛，爲了度衆生。中間所有一切法，爲了達到度衆生成佛，成了佛、度衆生，度衆生成佛，就來回這麼輪轉。

再說究竟，爲什麼能這樣子？因爲無有衆生可度，也無有佛道可成。無有佛道可成是常時成佛，無有衆生可度常度衆生，度衆生成佛，成佛度衆生。這種道理，慢慢的參，慢慢的悟，悟了就證得了，證得了就永遠不退，這叫大悲心。

要使我們大悲心堅固，要常發菩提心，不是早晨發了、晚上就不發了！早晨發了大悲心，到中午大悲心沒有了，這不叫大悲。那還沒有正定，沒有進入。發了菩提心，菩提心就是大悲心，不過大悲心還不能包括完整，菩提心包括的還多，這是菩提心的一種。菩提心能夠發起大悲心，大悲心又能夠回來堅固菩提心。佛法是成佛，成佛度衆生，衆生即是佛。《華嚴經》這種道理就是讓你多思惟，思惟要契入，契入不是語言，要你的心跟佛心契入，希望大家跟佛心契入。下面講「堅固大悲心」。

若能堅固大悲心　則能愛樂甚深法

若能愛樂甚深法　則能捨離有為過
若能捨離有為過　則離憍慢及放逸
若離憍慢及放逸　則能兼利一切眾

「堅固大悲心」得到什麼程度呢？初地菩薩。初地菩薩的大悲心才能堅固，因爲他能證得眞如，證得法身的一分。這個時候他才能夠達到甚深法，「甚深法」是指見性、證性，不是我們所說的開悟。初地菩薩證得一分法身，隨他證得一分，他就知道從初地到佛果，眞如是一個整體，他只能夠悟得一個初分。到了這樣，他的大悲心才能堅固，度衆生的事業更深入了。捨離一切有爲過，那就進入二地菩薩，這是初地、二地。在這個時候才能夠得到佛的眞如本性。

前面講，初住菩薩就能達到三十位的十迴向，一即一切，初地菩薩雖然只證得初地，但是十地菩薩所有的事情，他已能明了，但是沒有證得。所以他大悲心堅固，度衆生的時候再不退悔，這個時候他所證得的境界相，自認爲跟諸佛相同的，諸佛是證得究竟，他只證得一份，但是他理解眞如的甚深法。我們剛出家、剛信三寶，你聽到解說，沒證得只是聽到解說，從解說知道皈依三寶，就具足三寶的功德，但是這個具足還得慢慢修，只能稱到佛子。當他修道、登了初地的菩薩，再沒有犯戒、違背佛制，他見了法性之後再不會有。甚深的法呢？就是眞如。

最初講《華嚴經》，所講的就是佛的果德。我們只是知道，從佛教授的經典上解說，我們沒有入門，體會不到味道，感到初地的菩薩，他親證到了，他體會到了。所以，登初住菩薩的發心，跟現在登十地之初地菩薩的發心，兩個不同的。初信十住的菩薩發菩提心，跟現在凡夫將入信位的菩薩發菩提心也不同，層次是如是的。大悲心是利益眾生，除眾生的苦，能把一切眾生的苦都除掉，才能愛樂甚深的法。

「愛樂是極喜異名」，愛樂就是喜歡，證入到極喜的異名，極喜就是達到最歡喜的。這一切才能都證得無爲法，證得無相法。有爲的過錯，像犯戒、破戒，這個都沒有了，初地的菩薩都沒有，證得無爲，把有爲的過患全都消失了。我們現在是有爲當中，這些我們是談不上的！他舉個例子，憍慢、放逸代表著一切的過患，離了我慢、離了放逸，永遠是精進的。這時候他求法的心，永遠不會再退墮，求甚深法，就是永遠不捨棄眾生，這個時候還能兼利一切眾生。我們現在的眾生是求脫離生死，登了初地、二地、三地的菩薩，他沒有脫離生死的想法，沒有這個念頭，生死即涅槃。在生死度眾生的時候，不見眾生相，所以沒有過！因爲他愛樂甚深法者，捨離一切有爲的過患。若能捨離有爲的過患，憍慢、懈怠、放逸這些都沒有了，都離掉了，能夠普利一切大眾。

這兩個偈頌，包括初地菩薩、二地菩薩、三地菩薩、四地菩薩，因爲這一段經文，賢首菩薩只說信成就，不是專講十地，單有〈十地品〉一地一地的講，這是略提一下而已。這個時候，他在生死流轉度衆生的時候，沒有懈怠、沒有疲厭，是勇猛的、是勇健的。

若能兼利一切眾　則處生死無疲厭
若處生死無疲厭　則能勇健無能勝

第五地菩薩，他在生死當中永遠利益一切衆生，沒有厭足的！他不求出離生死，在世間就已離了世間，他那證得的功力更深厚了。本來，眞跟俗、空跟有，兩者是互違的，有就不是空，空就不是有；但是，到了五地菩薩，空即是有，有即是空，他把相對的合爲一起，所以叫難勝地。這只是標個名而已，到了〈十地品〉會廣泛的說。

若能勇健無能勝　則能發起大神通
若能發起大神通　則知一切眾生行

這是第六地菩薩，大悲是跟智慧結合，以大智來行大悲，在這個時候般若空義現前。他這大悲是以他的神力行大悲，知道一切衆生心所行，因爲他有大智慧。

若知一切眾生行　則能成就諸群生

若能成就諸群生　則得善攝衆生智
若得善攝衆生智　則能成就四攝法

因爲他知道衆生的心裡想什麼、作的是什麼！但是想要建立，得要有緣，沒緣不行，過去世跟他有緣的，他能成就衆生成道，脫離生死。因爲他能成就衆生，成就攝受衆生的智慧。這是什麼智呢？方便善巧！能入方便善巧，善攝於衆生，他成就四攝法：布施、利行、愛語、同事。他能示現跟一切衆生同作一件事，而後能接近、攝受衆生。跟衆生作同一件事，布施衆生，衆生有貪心，他就捨給他，說好聽的話，這叫四攝法。四攝法一定具足四無量心，慈悲喜捨，愛語利行，而後示現同事，這樣來攝受他。

若能成就四攝法　則與衆生無限利
若與衆生無限利　則具最勝智方便

這時候攝受衆生，能使衆生得到沒有限制的利益，是無限公司，不是有限公司。這是七地菩薩所作的。

若具最勝智方便　則住勇猛無上道

若住勇猛無上道　則能摧殄諸魔力
若能摧殄諸魔力　則能超出四魔境
若能超出四魔境　則得至於不退地
若得至於不退地　則得無生深法忍

「摧殄諸魔力」，生老病死、天魔、一切魔力，所有一切魔境都能摧掉。生、老、病、死，這叫四種魔。這魔不是我們所想像的，以爲一說魔了，就有位魔鬼，不是那個意思。

一切法上的磨難，就是魔的境界相。這時候才到八地不動地、不退地，得到無上甚深法忍。無上甚深法忍，就是菩薩所斷的無明，斷無明已斷到第八分了。但是在這個時間，八地怎麼叫不動地呢？他認爲他已經成佛，不要再修也不要再度衆生，無功用道。十方諸佛勸他，讓他靜心求深入的成佛。這時他自己能把內魔、外魔一切魔難都摧伏，五蘊、生死、天魔、煩惱這些魔力都不能動他，所以叫不動地，他就不退了。什麼不退呢？無生法忍再不退。這是因勝。

若得無生深法忍　則為諸佛所授記
若為諸佛所授記　則一切佛現其前

若一切佛現其前　則了神通深密用

「若爲諸佛所授記」，得到一切諸佛授記，說他很快就成佛了，一切佛現其前！八地菩薩跟一切諸佛，將近等於佛。「深密法」呢？在經文最後，講十定、十忍、十通，那都是甚深法，佛的境界了，密宗就是密的這個，密的是十地以上的事，諸佛的境界。

若了神通深密用　則為諸佛所憶念
若為諸佛所憶念　則以佛德自莊嚴

這是九地菩薩，這叫法師位，到了九地菩薩，才眞正成爲大法師，得到諸佛的現前，得到諸佛的加持，了解諸佛的深密法，能依諸佛的甚深智慧。這個時候，他的莊嚴是以佛德爲莊嚴，給一切衆生說法。入位的菩薩，他在說法上能使衆生開悟、悟解。這時他是以佛德莊嚴爲莊嚴，諸佛加持、諸佛現前，諸佛甚深的深密法。

若以佛德自莊嚴　則獲妙福端嚴身
若獲妙福端嚴身　則身晃耀如金山
若身晃耀如金山　則相莊嚴三十二

若相莊嚴三十二　則具隨好為嚴飾
若具隨好為嚴飾　則身光明無限量
若身光明無限量　則不思議光莊嚴
若不思議光莊嚴　其光則出諸蓮華
其光若出諸蓮華　則無量佛坐華上
示現十方靡不徧　悉能調伏諸眾生
若能如是調眾生　則現無量神通力
若現無量神通力　則住不可思議土
演說不可思議法　令不思議眾歡喜
若說不可思議法　令不思議眾歡喜
則以智慧辯才力　隨眾生心而化誘
若以智慧辯才力　隨眾生心而化誘
則以智慧為先導　身語意業恆無失
若以智慧為先導　身語意業恆無失
則其願力得自在　普隨諸趣而現身
若其願力得自在　普隨諸趣而現身

則能為眾說法時　音聲隨類難思議

「明第十地位」，這全是佛，菩薩成佛的境界。爲什麼不解說呢？這只提個名字。現在，這才初發心住，發菩提心就能理解這麼多的事，是這個涵義。就像我們一信了佛，而後受個三皈，再受個五戒，逐漸的深入學習，才能入到佛海。這時候身語意業都是清淨的，願力都能得圓滿、得自在。但是這個自在是隨眾生，六趣道都能現身度眾生，所以普隨一切眾生相而示現同事攝、同類攝，以此來度眾生。

這一段經文，只是說住初住的菩薩，理解力知道有這些位置要修。佛說法的時候，佛說法的音聲，徧無量世界；佛在世說法，目犍連尊者，他在跟前聽佛的聲音這麼大，他以神通力就這麼走走走，無論到哪個國土，他耳邊上都能聽到佛說法的聲音，沒有變，沒有大，沒有小。他到那個國土，遠離了這佛，若以他的力量，他只能走，仗著佛的神力加持，到了無量的世界。他看見一座大城，非常的好，就在那城上來回的跑。那個佛國土，佛正在用齋，過早齋，他跑的那個城，就是菩薩的鉢。那位菩薩正想說，鉢上怎麼出來一隻小蟲子？很小的，就想把他彈掉。那佛說：「你不要彈，這是東方世界釋迦牟尼佛的神通第一大弟子，不是小蟲子。」在他的鉢上，目犍連尊者看著是一座大城。佛跟目犍連說：「你念本佛的名號，讓你的佛加持你！佛一加持你，你的神力就大了，你跟這個世界的眾生，跟這個菩薩的身量就一般高了。」那些大菩薩用完齋了，也很好奇，隨目犍連到東方來求釋迦牟尼佛聞法。

在聞法當中，假佛的音聲的力量，走了無量的國土，目犍連的神通是不行的，是佛力。他到那個國土，若不是假那個佛的加持力、釋迦牟尼佛的神力，以目犍連的神力他是回不來的。這就是智慧，智先導！因爲有了智慧，身語意業，永遠不會有失錯的。而後又有願力的加持，能夠在天人、阿脩羅、地獄、餓鬼、畜生，六道諸趣，隨便現身，他的力量得到這個自在，也就是隨類而現身，他沒有痛苦的，不像我們現身有痛苦的，他是幻化的，不是眞實的。這時候給衆生說法的時候，他的音聲隨類難思議，衆生隨類各得解。

若能為眾說法時　音聲隨類難思議
則於一切眾生心　一念悉知無有餘
若於一切眾生心　一念悉知無有餘
則知煩惱無所起　永不沒溺於生死

煩惱沒有了，當然再不墮落生死，就是身業、語業、意業，一成一切成。我們之所以流浪生死，是因爲我們的煩惱。我們若知道煩惱無所起，再不受生死所淹沒，生死海淹沒不到。

若知煩惱無所起　永不沒溺於生死
則獲功德法性身　以法威力現世間

這樣證得的身是法性身，不是我們這個五蘊身，要回歸自己本具有的！這時候所有世間現的，都隨法性身的願力、威力所現。

若獲功德法性身　以法威力現世間
則獲十地十自在　修行諸度勝解脫

前面只是提個名字，這些都會以專品來講的，在〈十地品〉後面的十通、十忍、十定，那文字更多了，現在不加解說，只是提個名字而已。

若得十地十自在　修行諸度勝解脫
則獲灌頂大神通　住於最勝諸三昧
若獲灌頂大神通　住於最勝諸三昧
則於十方諸佛所　應受灌頂而昇位

「諸度」是指十度說的，施、戒、忍、進、禪、慧、方、願、力、智，那時候得到大神通了，灌頂大神通。「住於最勝諸三昧」，那時候講十地滿了、所證得的功德。

若於十方諸佛所　應受灌頂而昇位
則蒙十方一切佛　手以甘露灌其頂
若蒙十方一切佛　手以甘露灌其頂
則身充徧如虛空　安住不動滿十方
若身充徧如虛空　安住不動滿十方
則彼所行無與等　諸天世人莫能知

這是形容十地菩薩修滿了之後所得的功德，進入佛地。身體充滿虛空，安住不動滿十方，同時能示現無量身。大家讀《地藏經》，看地藏菩薩所現的身，他所度的、成佛的、住菩薩位的，乃至住一切眾生的，文殊菩薩用一千劫都不知道數字。十地菩薩都能如是，不止地藏菩薩，每位菩薩都能如是利益眾生。但是他本身法身不動，法身不動而能徧滿十方，以他的願力、智力、化度眾生的力，一切世間天人不能知曉的。這是菩薩修大悲行所感的。

菩薩勤修大悲行　願度一切無不果

見聞聽受若供養　靡不皆令獲安樂

想度一切衆生都能成就。「見聞聽受若供養，靡不皆令獲安樂」，若有衆生見著大士，供養他，求聞法、求安樂，都能得到。

彼諸大士威神力　法眼常全無缺減
十善妙行等諸道　無上勝寶皆令現

「法眼」是擇法眼，法眼就具足五眼了，我們的肉眼是障礙的、不是通達的。天眼是通達的、沒有障礙的。慧眼呢？就是觀俗諦的，法眼就是觀眞諦的，觀眞諦就觀到法身理體的。這時候他所有的十善業，所有的妙行，利益衆生的妙行都能現前。

譬如大海金剛聚　以彼威力生衆寶
無減無增亦無盡　菩薩功德聚亦然

賢首菩薩說的，一切菩薩大悲大願滿足的時候，菩薩修悲願智慧的時候，成就了，「無不果」，都成就了。這就是說登地十位的菩薩，他的悲願智慧都滿足了，威神、勢力都能成就了。這個說的是初住菩薩，初住對於後位的事情，大體知道而不是證得。我們平常說初地不知二地事，那是指著菩薩妙行所度衆生的事業，這個是說理上，從理上都知道了，事上還不行。這個是說的什麼意思呢？是圓融義，這不是我們的境界，連我們學的境界都不夠。這個到善財童子五十三參，參到十地住的菩薩，一位一位的、一地一地的，會詳細解說。不過在賢首菩薩，在十住滿的時候，十迴向滿的時候，登了初住的菩薩，所聞得的妙法，使他生起欣樂心，求什麼呢？求得證得法性，法性是徧一切處、徧一切時，那時候就叫具足普賢的德行。形容十地菩薩以上的，他用十門三昧。三昧就是定力，用十種的三昧。

第一個是圓明海印三昧門，第二個是華嚴妙行三昧門，第三個是因陀羅網三昧門。本來這是因陀羅網境界門，他的名詞都不同，這個都用一個三昧，叫百千三昧，上面僅舉十個。第四個手出廣供三昧門、第五個現諸法門三昧門、第六個四攝攝生三昧門、第七個俯同世間三昧門、第八個毛光照益三昧門、第九個主伴嚴麗三昧門、第十個寂用無涯三昧門。

三昧就是那個心，種種三昧是心裡所示現的，每一個作用不同，用十門來分別，就是依著法性的體，而生起的無邊妙用。生起的無邊妙用，用即是體，體用中間有無邊的自在，所以都叫三昧。「三昧」就是「總持」，總一切法持無量義。「三昧」是什麼呢？自然的、不假造作、不假用意，這叫三昧，也叫正定，也叫正受。「三昧」的翻譯很多，看在什麼地方用。什麼事情你行久了，自然而然的熟悉了，就都叫「三味」。

我們一般講正受、正定，叫「三昧」。這個是法界證得法性，在一切時，在一切處所，他所產生的業用是什麼呢？用這十個來形容。這十種都依著十地菩薩所證得的性體！我們所具足的那個性體，現在一點用處都沒有，不能產生妙用，被無明煩惱遮蓋住了，所以他不能具足，不能現相，等這些都消失，就顯現出來了。自性光明的本體，就是在後面經文講十地的體，十定的體。十定呢？就是十個三昧的體。佛經上常講海印三昧，海印三昧是用海形容一切三昧，那是法界圓滿的自在妙用。

我們經常稱爲華嚴三昧門，這十種都是通達到華嚴三昧。這十門是大方廣的大，這些三昧是大方廣的方，所有的森羅萬相，廣就是無邊妙用，普偏法界圓明自在，這叫華嚴三昧。於一微塵裡頭出寶王剎，於一微塵裡頭現三千大千世界，這都是形容三昧。舉一，「一」就是全體法性的性體，一切無不在此法界之內。舉一微塵，這一微塵就是主體，一切法都在這微塵之內。一微塵如是，各各微塵都如是，這叫周偏含容。又叫因陀羅網三昧門，這是假比喻形容，用這個來顯。但這個時候證得體了，所產生的妙用，隨緣！隨一切衆生之緣而顯起的妙用。這裡頭又分一體、二用、三偏、四德、五止、六觀。這些形容詞是用文字來顯示，不是證得的體，證得的體必須得契入，這是佛境界。在〈如來現相品〉，大致講過了一遍，賢首菩薩，重說十地菩薩所證得、所取得的，形容十地菩薩的境界相。

或有剎土無有佛　於彼示現成正覺
或有國土不知法　於彼為說妙法藏
無有分別無功用　於一念頃徧十方
如月光影靡不周　無量方便化群生
於彼十方世界中　念念示現成佛道
轉正法輪入寂滅　乃至舍利廣分布
或現聲聞獨覺道　或現成佛普莊嚴
如是開闡三乘教　廣度眾生無量劫
或現童男童女形　天龍及以阿脩羅
乃至摩睺羅伽等　隨其所樂悉令見
眾生形相各不同　行業音聲亦無量
如是一切皆能現　海印三昧威神力

這叫什麼？業用周徧，大用無邊（所依）。表示佛說法利益衆生的體，法性的體，以法性體而起的一切自在妙用。

但是佛本身沒有分別的，無功用道，不假思惟，不假作爲。有時候示現三乘道，有時候示現一乘義。無有功用，就是諸佛不假分別，利益衆生，隨衆生心念而現，這就是前面所講的〈如來現相品〉。普為一切眾生，他的根、他的性、他的欲要、他的所求，而佛能與他現。但是這個是說住位的菩薩、初發心的菩薩，能夠契入，契入什麼呢？他雖然沒有證得，他的心裡頭緣念！他所得的三昧，跟佛所證得的三昧可以通，沒有去來之義。

這種涵義，又有十義來解釋。一者無心能現義，二者現無所現義。三能現與所現非一義，不是一個道理，也不是差異的道理。這種圓滿話大家聽聽而已，我們在這兒不能解釋。到了〈十地品〉，一地一地的就不同了，一地不知二地事，每一都有他的殊義。非一不同，但是又不是異；不同就是異，不是一。不是去，但是也不是來。四者非異義，五者無去來義，六者廣大義，七者普現義，八者頓現義，九者常現義，十者非現現義。頓現義，常現義，非現現義。

這個道理用比喻來說，現在我們在這個世間上，說各行各業，遠了不說，就說台懷鎮。你沒去台懷鎮，心裡想像台懷鎮，台懷鎮也沒有到你心裡來，你心裡也沒到台懷鎮去，你就在這兒冥想，這只是台懷鎮。你想到太原，想到北京，想到整個地球，美國紐約、法國巴黎，你隨便想，一作意，它們就現前！什麼道理？說你自己信了，信滿了，成佛。信滿了，自己觀想著，知道諸法不生不滅，清淨平等。我們天天說發願、求，無可願、無所求，這是信。解呢？理解力，解滿了。怎麼解的？佛教授我們的，跟著佛所說的解，這時候達到清淨心。用清淨心作一些功德，功是自修，德是利他。自己修行夠了，所謂夠者，就是能進入了。行菩薩道，達到究竟菩薩地，十信滿了。成就菩薩的最後，從發心到八相成道，乃至究竟成佛。

這叫什麼呢？從你的信滿心，十住的初住，發心住，依著這個生起信心，依著信心，這個成滿了又發心。發心幹什麼？成佛，八相成佛。這是就圓融來說的，不依次第。信滿了，信滿了是因，能夠成就佛的果德，相似成就而不是眞實，菩薩行菩薩道的時候，示現成佛而不是眞成佛！能示現，但是不是眞實的。有時候化現，示現八相成道，但這不是眞實的，因爲還沒有成佛，是化現的。形容什麼呢？《華嚴經》的特殊點，一位就是後面的一切位，一切位也就是一位。我們經常說，念念徧滿十方界，一念徧滿十方，念念徧滿十方。這叫不可思議！只有《華嚴經》這樣說。

這只講一個三昧，叫「海印三昧」。大海把地面上的所有東西，任何點點微塵都攝入海裡，但是這是影子，不是眞實的。到海裡去取，什麼也取不到。說用個大鏡子，把我們的形相都攝進去，你到鏡子裡去取形相也沒有。看照相機，小小的鏡頭，三五百人都攝進去，那是影子，不是眞實，照相機頭也就是拳頭大小，用這個意思來形容。

你初發心，就漸漸修，修了一萬大劫，信滿了、信成就了，進入初住位，初住位就把前面講的一位一位的攝入，攝入是影子，不是眞實的。他也能發心作佛，但不是眞正成佛，而是示現。他只能對衆生，對登地的菩薩，就辦不到了，這就叫海印三昧。這不是我們所緣的境界，現在還沒有到這個程度。下文講華嚴三昧。

嚴淨不可思議剎　供養一切諸如來
放大光明無有邊　度脫眾生亦無限

「嚴淨不可思議剎」，嚴淨一切佛國土剎土，多少個佛國土呢？不可思議。每一個剎裡頭都有一尊佛，都有住剎的，就像娑婆世界毗盧遮那佛，西方極樂世界阿彌陀佛，東方藥師琉璃光世界，琉璃光如來。像這樣的剎有好多呢？不可思議！非你心力所能想到的，言語當然也說不出來！一切剎裡頭，每一個剎都有個主，都有佛住世。現在我們這個剎，就是我們這個娑婆世界，佛住世的末法，還是釋迦牟尼佛教化的，他教化的時間，已經到了末法時間。其他的佛國土，一一都如是。一般的二乘、菩薩乘，對教義是這樣講的。

《華嚴經》是無上乘，說無邊剎，每個剎都有佛住世，沒有正法、像法、末法。你到一切剎去供養諸佛，到一切剎去度眾生，是不是眞實的？這叫華嚴三昧。嚴淨了不可思議剎，又供養了不可思議剎的每一剎每尊佛，供養一切如來。同時諸佛放光，每位諸佛都在放光，沒有限量的度眾生。

智慧自在不思議　說法言辭無有礙

施戒忍進及禪定　智慧方便神通等
如是一切皆自在　以佛華嚴三昧力

爲什麼衆生界這麼多？爲什麼我們還沒得度？妙不可思議！爲什麼我們沒見到光明？我們求文殊菩薩智慧的光明，一直沒得到！這也是不可思議。約諸佛，他的智慧自在不思議，說法的言辭不思議。施、戒、忍、進、禪、智慧，六度，開個十度，慧、方、願、力、智。智慧、方便、善巧，神通不可思議，一切皆自在，一切皆不可思議！這叫「佛華嚴三昧力」。

怎麼得到佛「華嚴三昧力」？修十種觀。第一「攝相歸眞觀」，一切相都是眞的，攝相歸眞，觀想一切相歸於眞實，一切法還歸法界本具的眞心。

第二相「盡證實觀」，依著一實境界而證得的觀行。

第三「相盡無礙觀」，一切相都是無礙的，相相皆是眞實，相相都是法界心。

第四「隨相攝生觀」，隨著衆生相，度衆生而不見衆生相，這叫隨相攝生觀。

第五「緣起相收觀」，緣起諸法攝爲眞實，把相收起來，完全歸性。

第六「微細容攝觀」，微細容攝，觀是你這樣思惟。

第七「一多相即觀」，一就是多，多就是一，這個我們思想是不能通的，因爲沒有到這個境界，所以思想就不通了。

第八「帝網重重觀」。第九「主伴圓融觀」，「主伴圓融觀」就是舉釋迦牟尼爲主，釋迦牟尼佛是主，十方法界的諸佛都是伴。例如我們舉《阿彌陀經》，舉極樂世界爲主，其他無量世界諸佛都屬於伴，叫主伴圓融。約圓融說，主就是伴，伴就是主。以阿彌陀佛爲主，所有法界、所有諸佛都是阿彌陀佛。以釋迦牟尼佛爲主，其他都是伴。伴即是主，主即是伴，叫「主伴圓融觀」。

第十「果海平等觀」，我們都經常這樣想，平等觀，我就是佛，佛就是我，十方諸佛就是我的心，我的心就是十方一切諸佛，平等。一切衆生心就是一切諸佛，一切諸佛就是一切衆生心。

這十觀又融入「四法界觀」。「理法界」，一切都泯了，只立理法界，這叫一眞法界，一切法都攝歸到一眞法界。一眞法界放出去一切法界，一切法界又回歸一眞法界。《華嚴經》就用兩句話，「無不從此法界流」，一切法都是從一眞法界流出去，隨緣開演的，「無不還歸此法界」，這叫相容，以理法界。事法界呢？就是世間一切相。理法界只是一理，收攝容來，只是一理。事即是理，理即是事，這叫《華嚴經》的「理事無礙法界」。事法界就是理法界，理法界就是事法界。事事都是理，這叫「事事無礙法界」，這叫四法界。融四法界，相融的。

分十門，一多相容，一不是多，多也不是一，但是相容到一體，一多相容不同。微細相容安立，在不同中，微細相容安立。拿這法堂來說，法堂是一；但我們三四百人，各是各，是不相同的，容在一個法堂，相容的就是一，而且各各非常的微細，每個人的生活、起居、習慣、年齡、相貌都是不同的，很複雜的，但是容在一起安立。我就是你，你就是我，沒有什麼男女相、老少相、年齡，一律都不立，爲什麼？相即，相即門是諸法相即，相即而都自在，各是各的運用。

「八即因陀羅網境界門」，因陀羅網是帝釋天、玉皇大帝，他有個網罩著天，每個網孔都放光，光光相攝，不知道哪個攝哪個，就像我們打魚的網，這個窟窿也這麼大，那個窟窿也這麼大，網網相同，一切境界都如是。

「九即主伴圓融具德門」，舉誰是主、其他的都是伴，互爲主伴。最後，第十觀，觀什麼？果海絕言，什麼都沒有了，眞空絕相，什麼都不立。這叫四法界十玄門。這十種觀，四法界十玄門是約因而立的，不是約果，果是絕言的。

事有千差萬別，理無二致一體。在事上講，千差萬別的，各各不同；在理上講，一個。就人類來說，還不說畜生類！畜生又分飛禽、走獸、海裡的、陸地的，你可以作如是想，作如是思惟；你若分別，千差萬別。收攝來呢？都是有情的衆生。還有山石，我們看著是死的，它會變化，會起變異。石頭經過幾億年會變成泥巴，泥巴經過億萬年又變成石頭，互相生長。一切法界，一切萬行，要觀它的還源，一切諸法還源觀！那時候就是成一眞法界，性相雙亡，無能所、無對待，能觀所觀一體。

這種道理，《華嚴經》很開闊的，不是我們一天兩天、一年兩年能證入的，你只能一個觀，觀入了，特別是性相雙亡的觀！這個觀，我們現在修，非常的困難，起不了觀行的。我們怎麼念呢？說念阿彌陀佛，觀自己跟阿彌陀佛無二無別，觀極樂世界就是現在我們住的地方，我們住的地方就是極樂世界，就這麼一個觀，我們都觀不起來，不要說像《華嚴經》舉的這些觀。這個觀，總的來說叫「華嚴三昧」。

一微塵中入三昧　成就一切微塵定
而彼微塵亦不增　於一普現難思剎
彼一塵內眾多剎　或有有佛或無佛
或有雜染或清淨　或有廣大或狹小
或復有成或有壞　或有正住或傍住
或如曠野熱時燄　或如天上因陀網
如一塵中所示現　一切微塵悉亦然
此大名稱諸聖人　三昧解脫神通力

以下講因陀羅網境界三昧，於一微塵之中入了這個三昧。一微塵如是，一切微塵亦如是，這叫成就微塵定。入到什麼定呢？入到微塵三昧定。說三昧也可以，說定也可以，三昧即是定，定即是三昧。在微塵裡入定時，微塵並不增加，一切剎也沒減少，一切剎入到一微塵，一微塵就是一切剎，剎是剎土。這個地球就入到一微塵，二三百個國家就在一微塵裡。微塵裡也這麼複雜，有雜染的、也有清淨的，有大的也有小的，有的在壞、有的在成，有的正住、有的旁住。

就好像我們地球，你每天看氣象，這個地區氣象不同，那個地區氣象不同，這個國土不同，那個國土不同。現在人家穿短袖的襯衫還冒汗，我們這兒穿上棉襖還發冷，這就是氣候不同。這僅僅是小的娑婆世界，娑婆世界是閻浮提洲，整個華藏世界就不可思議，不是我們智力所能理解的。

以下的經文，清涼國師沒有注解，李通玄長者也沒有注解。這個境界我們只能依文而作思惟的觀，能入好多就入好多，不是我們能進入得到的。一個微塵所示現的，這一個微塵如是示現，無量的微塵哪，我們這個法堂有好多微塵呢？一個微塵示現三千大千世界，這法堂的微塵有好多三千大千世界？我們思想是想不到的。一多相即，無量微塵是多，但是都在一微塵裡，舉一微塵都攝盡了。在這一微塵裡入定了，一切微塵你都在入定。令這一微塵現寶王剎，現個三千大千世界，一切微塵都現三千大千世界。你在這個微塵示現入定，在一切微塵裡都在入定，這叫什麼？叫不思議的解脫力。這個解脫力依著什麼來的呢？依著三昧力而來的，依著華嚴三昧力而成就的。

神通力，神通都是幻現幻化的，神就是你心裡想的。我們有沒有神通力？我們那些煩惱都是神通力。你煩惱的時候，現了力量，身上冒火，有力量了。那是煩惱，不是證分。我們是煩惱成了三昧，一動就煩惱，這也叫三昧，什麼三昧呢？叫煩惱三昧。你可以把聖境跟每天的思惟動作聯繫起來。這叫一微塵裡現寶王剎，一微塵裡入定，一微塵裡現利益眾生，一微塵裡現得神通自在，什麼都在一微塵裡現的，這叫什麼三昧呢？「因陀羅網三昧」，前面講的是「華嚴三昧」。

我們修一個斷煩惱了生死的三昧，還修不成呢！這個三昧距離我們很遠。所以到登地果德上的大菩薩，我們經常舉文殊、普賢這些大菩薩，他們的境界不是一般菩薩所能理解的，更不是凡夫所能理解的。我們凡夫第一步要做，求解脫斷煩惱，能夠安靜。先把生死了了再說，第一步做到了再說第二步。我們讀《華嚴經》，理解《華嚴經》的涵義了，最大優點是把我們的心量擴大了。

舉個例子說，像掙幾十億的大老闆，他對你的三塊錢五塊錢還看得起嗎？也是這個意思。當大菩薩把煩惱都轉成了菩提，他度眾生沒有眾生相。一微塵轉大法輪，一微塵沒有微塵相了，那變成一法界，他就在一法界裡轉法輪，你的心量！量是一個數字的意思，心能容到好大的含量，等你容到三千大千世界，容到一個佛國土，容到無量的佛國土，形容空的意思，這都是顯眞空的意思，眞空才建立起妙有。我們看見這個，不能把它轉變成妙！不妙，就是實在的。實在的，你的心什麼也容不下，心量就小了。先把你的心量擴大，擴大到什麼程度呢？能入到華嚴三昧。

一個微塵所示現的，一切微塵都能示現，都能如是。「此大名稱諸聖人，三昧解脫神通力」。一多相即，入到一個定，這一個定能成無量定，無量定還是一定。在一微塵裡入定，一切微塵都入定。若能有這種境界，對世間的煩惱，你還能往心裡去嗎？像我們這個世界，拿這個比起來，就像微塵一樣的，這叫什麼？不思議。不思議就是心裡想不到，議論也議論不出來，就像幻化的藝術一樣。

我們看馬戲團，看見很奇怪，沒有什麼，這叫藝術，叫幻通自在。像動畫片，現在給我們表現的很多，你把它作成世界觀。諸佛的神通力就如是，諸佛的神通力是度眾生，我們的神通力是煩惱。我們的煩惱也不可思議，你可以作如是觀。煩惱從什麼地方來的？來的時候，自己控制不了，感覺冒火，渾身都不自然，也如是。把它轉成智慧，智慧也是神通無量，智慧無邊了。這就是因陀羅網，跟前面的華嚴三昧都是對照的。賢首菩薩所說初住位的菩薩，他們學習就是這些，現在我們凡夫也學習這些。

現在大家可能聽起來感覺很莫名其妙，有些根本沒有解釋，只念一下。《華嚴經》講行布和圓融，現在我們講的是圓融，行布是一件一件事跟你說，例如說初發心，滿信了，登了初住，相似見了法身。以前講的，你從開始信，這個信沒入位，信到究竟了，滿心了，信什麼呢？信佛、信法、信僧。但是我們信的是什麼佛？我們信的法是什麼法？這個很初淺的，若把佛講到深處，所信的佛，信的是自己，自

○釋 文

己具足什麼樣的功德，不知道，只知道現在業障很重，苦惱很多！你那個無量的功德不可思議，但是沒得到。現在我們所念的這個、所講的這個，都是海印三昧，登了初住菩薩就可以修海印三昧，到了成佛，還是修海印三昧。海印三昧的名字是一個，意義可就不同了。

這個意思怎麼說呢？從普壽寺出去一位比丘尼，這位比丘尼可能還沒受戒，也許到這兒來住上個三、五個月，但是她可代表普壽寺所有的比丘尼，這個大家可能懂了。說你入了初住，將入初住、還沒入位，但是你所修的法，那個法就深了，就像海印三昧，微塵數三昧，一個微塵數的三昧，等於一切微塵數的三昧，包括一切的微塵。這個法門，我們現在是講圓融部份，只是說他位勝，一入初住就具足這些，他具足那些功德，大家聽起來好像很深。那個作解釋不？若解釋起來太多，不能作解釋，因爲這是講圓融的時候，後面會一位一位講。你在一個微塵數三昧，就是入了成就了一切微塵數定，本來你入了一個三昧，成了一切微塵數定。你只認識普壽寺一位比丘尼，普壽寺的比丘尼還很多，你認識的這個，或者她出家才一兩年兩三年，佛法沒懂得很多，但是她包括了普壽寺所有的比丘尼，這個道理可能大家懂。我們說無生法忍，從初住菩薩也可以相似無生法忍，乃至到成佛還是無生法忍！講的時候、念的時候，在文字上說，從進入無生法忍，一直到佛的無生法忍，那個道理就很深。

「海印三昧」，我們修行入定，或者剛修行的菩薩入海印三昧，他的海印三昧，跟文殊菩薩入的海印三昧、跟普賢菩薩入的海印三昧，那怎麼比？沒法比，但是他入的三昧跟普賢菩薩入的三昧，平等平等，都叫海印三昧。

現在我們都是凡夫僧，凡夫僧就代表聖僧。地藏菩薩也是位和尚，他現和尚相，地藏菩薩的那個和尚跟我們這些和尚能比嗎？大家都一樣，也都不一樣。都是人，講起來都是人！但是這個人可就複雜，法就是這樣。現在說起來無所依，你到哪一位後面要一位一位講，這三十位，位位都具足，前面具足後面，後面也具足前面，後面的大菩薩成就前面的初發意菩薩，初發意的菩薩顯後位菩薩的功力深厚到什麼程度。

我們現在也在度衆生，一切十方諸佛都在度衆生，我們這個度衆生差勁得很，跟諸佛度衆生完全不一樣！但是度衆生，這是通名。在一微塵入定，一切微塵都入定，這可就深多了。知道這個涵義，就知道現在爲什麼沒有解說。越往後，賢首菩薩越說越深，深入後又回頭，先圓融而後再行布。

我們一天所學的、所作的課程，學習的時候，先行布後圓融！在《華嚴經》，先講圓融，後講行布。前面〈如來現相品〉盡講佛的果德，後講行布，我們一個凡夫聽到佛的果德沒辦法理解，不可能。現在我們講的，說你的心一信佛，你的智慧力量就能摧伏一切魔！我們現在是信佛，信佛的力量連一點小煩惱都降伏不住，稍微不順意，心裡就煩惱了。

講「無生法忍」，從開始得到無生法忍，一直到諸佛成就，還是甚深無生法忍。我們現在用功還不會用，無生法忍講到無功用道，沒有功夫可用了，這兩個怎麼能比？我們連門都還沒入，人家都用成就了。我們這裡有沒有阿羅漢比丘尼？你也不知道，她不能說：「我是證到阿羅漢果！」敢說嗎？說的那個，她沒證到，眞證到的，絕對不會說。從這個意義上大家懂得了，你若學《華嚴經》，一再囑咐大家學《華嚴經》要有耐心，把你那個心靜下來，不要浮躁。這個道理不懂，你是不懂，我講的也不懂。說者也不懂，我怎麼能讓你懂？我都沒懂，怎麼能讓你懂？但是我明白，明白什麼呢？怎麼樣才能懂，這個時候你要忍，這叫法忍；法忍就是忍法，我不懂的法，我能忍。忍的意思就是什麼呢？我能漸漸深入，就是這個意思。

我們聽到「海印三昧」、「華嚴三昧」，連三昧門還沒入，怎麼能入「華嚴三昧」、「海印三昧」，不可能！說在一個微塵裡入了三昧，就在一切微塵都入定，我連一微塵的定還沒有，怎麼能入一切微塵定？從文字上說，妳現在落髮當了比丘尼，一切比丘尼跟妳一樣的，不管聖僧、凡夫都一樣的，只要現比丘尼相，都是比丘尼。但這裡頭差別可眞大了，你說有沒有差別？有十幾年老師父，有剛落髮沒幾年的也算比丘尼，這位比丘尼跟那位比丘尼怎麼比？

我說這個的意思是拿這個作印證，我們先講圓融，要耐聽。一微塵入了三昧，成就一切微塵數定，這一微塵並不增加，一切微塵數也沒有減少，一者不減少、多者不增加，這只是明白這個意思，華嚴三昧也如是，海印三昧也如是。爲什麼沒有詳細給大家講呢？不講大家還不會糊塗，等將來學到了就行了；現在越講越糊塗，因爲你不知道境界，越講你越糊塗嗎？有些事上還不能給你講，給你講，你也沒辦法進入。我們普壽寺要修大殿，開會的是老執事，把你們拉去開會，給你們講應該怎麼怎麼，你也莫名其妙，跟我講這些幹什麼，能懂嗎？這是淺顯的事。現在你就耐心地聽，我看你們兩眼聽得茫然，聽得睡覺了，瞌睡了，乾脆不聽，涵義就是這樣意思。

現在是入初住，初住的菩薩有什麼大的力量？有這些力量，這叫相似，相似成佛。入了初住就是相似成佛，他不是眞佛，還沒有到那個地位，像我們看見比丘尼，看見比丘僧，這就是三寶，把他當佛一樣看待，當聖僧看待，實際上他不是，就是這個涵義。這個文字我們只念沒講，因爲賢首菩薩說這些偈頌時，是給華嚴會上菩薩說的，成就那些菩薩。但是，你怎麼成就呢？你從吃飯入手，念文殊菩薩偈頌，一舉一動念，那個是很淺的、能作的，從能作，就入甚深的境界。這是文殊師利菩薩說，你這樣做將來能得到賢首菩薩所說的。現在雖然落髮出家受比丘尼戒，妳不清淨！但是現在開始清淨，能夠達到清淨。賢首菩薩說的那個，是我們的希望、我們的願力，將來能夠成就。

文殊師利告訴我們，〈淨行品〉是方法，你照著去作，作到後面也能得到不可思議的力量。因此，大家就耐心聽，你多讀文字。我們這裡有讀《華嚴經》的道友，他們讀久就能明白了，不是完全證入，而是從文字上、從行上漸漸就明白了。所以學華嚴，最初學起來很難，從難之後才能達到容易，從容易又再難，之後達到容易即是難，難即是容易，平等平等。

「一微塵中入三昧，成就一切微塵定，而彼微塵亦不增，於一普現難思剎。彼一塵內眾多剎，或有有佛或無佛，或有雜染或清淨，或有廣大或狹小。或復有成或有壞，或有正住或傍住，或如曠野熱時燄，或如天上因陀網。」在微塵裡入了三昧，一切的微塵都有你在入三昧，這是普遍的意思。是微塵增多了呢？不是的，微塵並沒有增多，它是普現的，一個微塵裡現了無邊的佛世界，就是佛剎，每個微塵都如是。這不是約事上說，而是顯你的心裡，懂得這個意思就知道了。我們現在拈一個微塵，說這個就是西方極樂世界一個佛剎，你信嗎？你沒法信入，就是這個涵義。但是菩薩證到法性，法性就是，這個微塵就是法性，法性的本體，一切都在法性裡。

「如一塵中所示現，一切微塵悉亦然，此大名稱諸聖人，三昧解脫神通力。」這就是《華嚴經》的一多相門，一微塵是少，多微塵是多，一如是、一切都如是。

若欲供養一切佛　入于三昧起神變

能以一手徧三千　普供一切諸如來

用一隻手供養釋迦牟尼佛一枝花，他就徧於三千大千世界，徧於無量三千大千世界，每一佛都有三千大千世界，普供養一切諸如來，就一隻手，就是一枝花。舉例說想供養一切諸佛，他用他的神變，以一手供這一枝花，徧一切諸佛。這是《華嚴經》這樣說，《阿彌陀經》上也這樣說，早晨一起來洗洗臉，就到十方國土，過無量億十方的十億諸佛，供養完回來了，在極樂世界的時候才吃早飯，這就叫不可思議！《華嚴經》講一即一切。

十方所有勝妙華　塗香末香無價寶
如是皆從手中出　供養道樹諸最勝
無價寶衣雜妙香　寶幢旛蓋皆嚴好
真金為華寶為帳　莫不皆從掌中雨
十方所有諸妙物　應可奉獻無上尊
掌中悉雨無不備　菩提樹前持供佛
十方一切諸伎樂　鐘鼓琴瑟非一類
悉奏和雅妙音聲　靡不從於掌中出

○釋 文

十方所有諸讚頌　稱歎如來實功德
如是種種妙言辭　皆從掌內而開演
菩薩右手放淨光　光中香水從空雨
普灑十方諸佛土　供養一切照世燈
又放光明妙莊嚴　出生無量寶蓮華
其華色相皆殊妙　以此供養於諸佛
又放光明華莊嚴　種種妙華集為帳
普散十方諸國土　供養一切大德尊
又放光明香莊嚴　種種妙香集為帳
普散十方諸國土　供養一切大德尊
又放光明末香嚴　種種末香聚為帳
普散十方諸國土　供養一切大德尊
又放光明衣莊嚴　種種名衣集為帳
普散十方諸國土　供養一切大德尊
又放光明寶莊嚴　種種妙寶集為帳
普散十方諸國土　供養一切大德尊

又放光明蓮莊嚴　種種蓮華集為帳
普散十方諸國土　供養一切大德尊
又放光明瓔莊嚴　種種妙瓔集為帳
普散十方諸國土　供養一切大德尊
又放光明幢莊嚴　其幢絢煥備眾色
種種無量皆殊好　以此莊嚴諸佛土
種種雜寶莊嚴蓋　眾妙繒旛共垂飾
摩尼寶鐸演佛音　執持供養諸如來
手出供具難思議　如是供養一導師
一切佛所皆如是　大士三昧神通力

他的手往下一舉，就下這些寶，供養諸佛、供養三千大千世界，像下雨那麼多。這是意，不是手，而是心。手掌開演，手掌就說法了，同時也供養佛，也在說法，也在演奏妙音聲。

這一段經文只說供養，妙音也從手出，什麼都從手出！這個手就是一法界，大總相法門體。一切寶物，從手裡頭出音聲，從手裡頭出寶物，凡是禮拜、讚歎、供養具，這些都是供養具。不只供佛，上供還下施，稱周法界，這都是意念，這是心，不要想到這是手，手即是心。這不是凡夫所能意念到的，我們的意念也是想不到的。這個講的都是徧周法界，顯的是果德。但是登了初住的菩薩，他能夠示現什麼呢？這叫三昧，什麼三昧呢？廣供三昧，廣大供養一切十方諸佛，成就這個三昧。但是，這個廣供養都是從手出的。手沒增大，那些事物也沒減小，他是怎麼出的？這叫不思議！這叫什麼呢？「廣供三昧」。還示現「諸法三昧」，以下是菩薩得住菩薩位就能有這些三昧，菩薩住在這三昧來教化眾生，供佛度生，上供諸佛下化眾生，就是給眾生說法。說法，不是用嘴說，而是在三昧裡顯現說的。

菩薩住在三昧中　種種自在攝眾生
悉以所行功德法　無量方便而開誘
或以供養如來門　或以難思布施門
或以頭陀持戒門　或以不動堪忍門
或以苦行精進門　或以寂靜禪定門
或以決了智慧門　或以所行方便門
或以梵住神通門　或以四攝利益門
或以福智莊嚴門　或以因緣解脫門
或以根力正道門　或以聲聞解脫門

或以獨覺清淨門　或以大乘自在門
或以無常眾苦門　或以無我壽者門
或以不淨離欲門　或以滅盡三昧門
隨諸眾生病不同　悉以法藥而對治
隨諸眾生心所樂　悉以方便而滿足
隨諸眾生行差別　悉以善巧而成就
如是三昧神通相　一切天人莫能測

這是顯佛果，隨衆生所行的差門，菩薩以這個而爲教化衆生，這個三昧的名詞叫「法門三昧」。菩薩入於無量三昧，每一個三昧有每一個三昧的作用。這一共說了二十種法門，這二十種法門，每一法都能通達到成佛，就是演這麼多法。這是在什麼地位上？圓十住，以我們的智慧分辨不出從初住到十住每一住的功行。後面說的十行、十迴向，乃至十地呢？《華嚴》稱爲「雜華」，雜者非常之廣！雜的意思，像我們到台懷鎮，賣香蠟的、賣吃喝的、賣水果的，一個台懷鎮，雜的很，有各種的商業！《華嚴經》就像佛門雜貨攤一樣的，要什麼取什麼，要什麼有什麼！你有多少因，成就多少果，無窮無盡的因，無窮無盡的果，滿一切衆生欲望。

不用說那麼遠，單就我們幾百個人，每個人的想法不一樣，都滿足你們，誰來滿足？佛。有的說，我要求很多，一樣也沒有滿足。因爲你還沒跟佛通到信，他想滿足你，你沒有跟他接上！就像我們拿手機，還沒有編上號，還沒有交費，所以通不到話。供養本身就是門，這個門是通達的，你供這一門通達佛的果德，之後佛給你說一切法，以一切的法門攝受衆生。你若住這個法門三昧，能以一切法自在無礙地攝受衆生，應以何法得度者，菩薩就示現何法。

有妙三昧名隨樂　菩薩住此普觀察
隨宜示現度眾生　悉使歡心從法化

怎麼叫「隨樂」呢？衆生喜歡什麼，好樂什麼，怎麼樣才能生歡喜心，菩薩就使他生歡喜心，這叫「妙三昧」。妙是不可思議、很微妙了，若菩薩住到三昧裡，普觀察一切衆生，他喜歡什麼就給他說什麼，目的是示現度衆生。他做什麼呢？讓他從歡喜心，依照佛所教授的方法得度。

劫中饑饉災難時　悉與世間諸樂具
隨其所欲皆令滿　普為眾生作饒益
或以飲食上好味　寶衣嚴具眾妙物

乃至王位皆能捨　令好施者悉從化
或以相好莊嚴身　上妙衣服寶瓔珞
華鬘為飾香塗體　威儀具足度眾生
一切世間所好尚　色相顏容及衣服
隨應普現愜其心　俾樂色者皆從道

這是五個偈頌。菩薩入了這個三昧，他攝受眾生，饑饉的、沒飯吃的、災難的！喜歡樂具的，各種樂器，那給他樂器，讓他滿足。或者我們這樣想：菩薩發這麼大的願，爲什麼現在世間上饑饉的人還這麼多？應該讓他們都吃飽！佛法從緣起，還沒具足這個緣。沒有緣因不能生，菩薩有這個緣，我們沒有這個因！這是入了三昧的，叫攝生三昧。怎麼攝化眾生呢？入了這個三昧以這個方式來攝化眾生，滿足一切眾生的要求，這叫攝生三昧門。因爲還沒有入到這個三昧，還不懂得，得入了這個三昧才懂得。以《華嚴經》講，這種叫作不思議的妙色悅心！妙是微妙的，色是一切的愛著，以微妙的色心滿足一切眾生的愛著，隨他所求，一切施與。

迦陵頻伽美妙音　俱枳羅等妙音聲
種種梵音皆具足　隨其心樂為說法

八萬四千諸法門　諸佛以此度眾生
彼亦如其差別法　隨世所宜而化度
眾生苦樂利衰等　一切世間所作法
悉能應現同其事　以此普度諸眾生
一切世間眾苦患　深廣無涯如大海
與彼同事悉能忍　令其利益得安樂
若有不識出離法　不求解脫離諠憒
菩薩為現捨國財　常樂出家心寂靜
家是貪愛繫縛所　欲使眾生悉免離
故示出家得解脫　於諸欲樂無所受

這是四攝法，「布施、愛語、利行、同事」。愛語，勸喻安慰，讓衆生生起歡喜。利行，是做有利於衆生高興的事。或者給他作布施，他貧乏了，施捨他東西，缺乏錢財，給他錢財，缺乏物質，給他物質，這就是難行能行。

菩薩示行十種行　亦行一切大人法
諸仙行等悉無餘　為欲利益眾生故

有的衆生想遠離十惡得到清淨，菩薩就給他說大人法，「大人法」就是佛法，大菩薩法。「諸仙行等悉無餘」，「仙」就是佛，在印度，「仙」就是佛，給他說這個世出世間法，讓他得到究竟清淨，使衆生都能得益。內清淨、外清淨，五種內清淨，五種外清淨，什麼叫外清淨呢？無罪利行，利益衆生的時候沒有過錯的！一種是不轉利行，一種是漸次利行，一種是徧行，一者是如應，廣釋其相。

這位菩薩於一切有情起廣大的悲心，讓衆生都能生歡喜，這叫利益衆生，使他生歡喜心。又者諸菩薩於一切有情，使他們身心安穩，身心歡樂，這叫行利行。或者是他需要，菩薩現自身入僕人，照顧他一切行爲，沒有疲勞想，沒有厭倦想，生歡喜心利益衆生，這叫利他想，使他得利益。

如果衆生貪著錢財，菩薩就以財富施捨給他，令他起不貪、不吝；愛染的衆生，菩薩就示現，使他漸漸消離愛染。凡是衆生希樂愛好的，菩薩爲了利益一切衆生，都以佛的教化而去利益一切衆生。十住位的菩薩入了住，能這樣示現利益衆生。

若有衆生壽無量　煩惱微細樂具足
菩薩於中得自在　示受老病死衆患

有些衆生壽命很長，享受的很快樂，他就不修道、不求法。菩薩就給他示現自在，菩薩得了自在。得了什麼自在呢？利生的自在行，或者對年老的，對不病的，對死的，一切衆生他不知道生老病死的苦患，菩薩就示現老、示現病、示現死，讓一切衆生能得覺悟！老了必然要死，讓他不要貪戀世間，捨棄世間。病苦的時候，身心不舒服，所以沒病的時候，要想到病的時候，那些菩薩就示現病，讓健康的人看見，讓他生恐怖，不要害病，不要貪戀肉體。菩薩也示現死，讓那個對身體、對世間貪戀的，給他示現，你會死的，你死了什麼也帶不去。菩薩以生老病死苦，在菩薩得了自在，但是他給衆生示現，讓衆生離四患，這四大罪患是生老病死。

或有貪欲瞋恚癡　煩惱猛火常熾然
菩薩為現老病死　令彼眾生悉調伏

或者衆生貪欲癡瞋恚很嚴重的，菩薩就給他示現，說貪欲、瞋恚、愚癡，就像猛火一樣的熾燃，能把你的法身、肉體都燒化。爲什麼菩薩要示現這些呢？衆生在快樂安逸當中，他不知道還有老病死，這人想到過嗎？或者學佛者，當沒病的時候不會想到病，沒死的時候還想你總活著，年輕的時候想到老嗎？想到老就是苦，生老病死苦就是苦。只有聞到佛法的時候，依著佛的教導，知道這些病患，大菩薩就給衆生示現，讓你求出離。

菩薩示現，不是讓你生煩惱，而是讓你慕滅修道。你悟到了、明白了，老要死了，並不是人人都活到八九十歲一百來歲才死，二三十歲死的也不少。示現讓你知道老病死，讓你求出離，這是調伏衆生的方法。菩薩要利益衆生，什麼都想到、都思惟到了，讓衆生求出離，讓衆生依著法修行。健康的時候，要想到不健康的時候。世俗也懂得，「舉世皆從忙裡老」，每個人忙得不得了，你看日本人、美國人上班的時候都是用跑的，忙什麼嗎？時間要到了，怕上班誤了點，多幾個遲到，人家扣你工資，再多幾個遲到，人家不要你！不要你了沒了業，怎麼活著？他就跑，這就是逼迫的苦。這兩句話是警策人的，「舉世皆從忙裡老」，忙的不得了，老得就快！「何人肯向死前修」，沒死之前，你要多修習。

如來十力無所畏　及以十八不共法
所有無量諸功德　悉以示現度衆生

若想避免這些，必須得到如來十力、四無所畏、十八不共無量的諸功德，以這個來示現度衆生，讓衆生希求佛果，希求勝樂。這些是對出家人說的，再說寬一點，我們這裡還有優婆塞、優婆夷。佛教導你作什麼？一步一步作起，能作到華嚴菩薩這樣境界。有人問我什麼叫華嚴菩薩？我說你讀《華嚴經》，誦《華嚴經》，就叫華嚴菩薩。

華嚴菩薩沒有什麼特殊的，讀華嚴、誦華嚴，照著《華嚴經》所教化的去修，就叫華嚴菩薩。你天天誦《華嚴經》，哪管誦一品，誦〈淨行品〉、誦〈普賢行願品〉，〈淨行品〉是因，到了普賢菩薩的位置就是果。若想避免生老病死苦，就修如來三昧，如來十力、四無所畏、十八不共法，拿這些無量功德來度衆生。

記心教誡及神足　悉是如來自在用
彼諸大士皆示現　能使衆生盡調伏
菩薩種種方便門　隨順世法度衆生
譬如蓮華不著水　如是在世令深信

這個偈頌講，爲使不信的生信，菩薩用種種的方便善巧。我們認爲佛法度衆生，實際上佛教授我們方便法，用世法說世間的相，以世法隨順衆生來度衆生。生、老、病、死、愛別離、怨憎恚、五蘊熾盛、求不得，這都是世間法。隨順他！他貪戀哪一門，就把那門給他說清楚。

隨順度衆生的時候，隨著世間法來度衆生。現在這個世間上的事，非常複雜，過去舊的道德標準，現在都沒有了。現在菩薩度衆生，你要示現隨順現在的情況。人人愛惜生命，人人拿生命做賭博。人人想長壽，知道現在世界上的藥有好多？特別是補藥，非常之多，投其所好。因爲現在的衆生，一方面無盡的消耗，一方面還想長壽，這是顛倒。

菩薩在現實生活當中，給他說法，讓他安靜一點！但是現在人非常不安靜。打仗是死人的，但是大家提倡打仗、鼓勵戰爭，做種種殺人的武器，越來越精了。電子戰、資訊戰，不是武器跟武器戰，而是電子跟資訊戰。菩薩在現實當中，這是現實的法門，那就不是說受個三皈、持個五戒，這些人還受三皈五戒，可能嗎？有，但是這一批人不同。

你怎麼能夠教化隨順度衆生？諸佛菩薩教化衆生。佛沒有說，佛讓你隨種種方便示現度衆生，這也是佛說的。現在度衆生、調伏衆生，依著佛的法，得行種種方便，這個方便沒有限制用什麼法，只要你把他度了，讓他不去作惡，讓他去行善，就達到目的。所以佛告訴你，隨順世法度衆生，度衆生得隨世間法。你說不行，得持戒！二百五十戒、十重四十八輕戒！他不聽你這一套，那就隨順他。菩薩不是比丘，菩薩有種種方便法門，先說方便，方便是使不信的衆生，令他信。

這個世界這麼惡劣，但是作好事的還是作好事，慈善基金會、醫院，這是作好事度衆生，這叫方便。病很重，你使他能夠不痛苦，你念佛念得很有功力，你給他念念佛，一念他好了，他信你不信你？當然他就信了。大菩薩行菩薩道的時候，不拘泥於一切行爲，只要衆生得利益。

「譬如蓮華不著水」，大家知道蓮華必須得長在淤泥裡，若是長在清淨的旱地上，生不出來蓮華。蓮華的根，必須得污泥，污泥是污染的，生出來的蓮華又香又清淨又潔白，人人歡喜，蓮華不是長在清淨當中。你度衆生到極樂世界就難度了，讓你度嗎？還得回娑婆世界度衆生，依照現實的情況，使他深信入佛道。

佛道，不應單講佛像、菩薩像、經書，說你的心就是佛，心清淨了，佛就清淨了，心淨則法淨，隨順世間，令他能夠深入。達到什麼目的呢？不信的令他信。他很痛苦的，你使他的病苦滅除，他不信你嗎？但是他求你不靈，他不信了，一回不靈，兩回不靈，不信了。現在觀世音菩薩、地藏菩薩特別靈，和尚的寺廟是介紹所，法師是介紹人。勸他念《地藏經》，或者念《觀音經》，或者念觀世音菩薩、地藏菩薩，他一念，醫生治不好的他好了，他不信嗎？他信了，你這介紹所就興盛。我們這介紹所沒有收取費用，你給他介紹，他好了就供養了。

另外我們自己修行，人家看見你清淨，人家一個月工資拿好多？難掙錢！那麼容易供養我們寺廟，供養我們和尚的紅包，想到沒有？有些錢是犯罪來的，騙人、欺騙，減本圖利。現在衆生供養三寶，佛法不說了，僧寶，這是住世三寶，負擔很重，現在你所受的不是清淨的。

例如，現在我們的煤炭比人家少很多錢，還有人家供上我們一頓十頓百頓。煤怎麼出來的？從山裡挖出來的，挖煤的苦難大家看到了，挖出來還得汽車運，運輸時還得路上堵，大家黑夜不睡覺，在夜裡找空隙的時間運，非常的辛苦。他掙錢很不容易，拿來供養我們。我們坐這兒，要是不修行，沒有力量給人家，這個樣行嗎？你還不去了道？還不去修行？

你的修行不是自己獨得，還得給人家，你的衣食住行，哪樣不是人家受苦受難換來的、拿來給你的？你這個菩薩應當怎樣辦？種種方便善巧，隨順世間利益眾生。我們在這個社會當中，這社會是污濁的、不清淨的，就像蓮華似的，但是我們自己心裡清淨，開出來蓮華。

「不信者令生信，已信者令增長」，已增長者令他成道，使他智慧圓滿。人人都應具足，具足什麼呢？行菩薩道。我問我們好多道友，他不承當的，認為自己不是菩薩。我說你受供養不？我沒受供養。我說你住在廟裡，飯怎麼來的？是你掙的？穿的衣服怎麼來的？那怎麼辦？我們沒道力，假佛菩薩的道力。念菩薩的聖號或者讀誦大乘經典，不是為了自己，那是為了度眾生。

隨順世法度眾生，隨順世間相，隨順世間法，廣度一切眾生，示現跟他同事的，現在比丘作不到，我們還俗跟他一塊作事？不是這樣的意思。有這幾種利生的方法，勸我們在家的三寶信徒，隨時在群眾當中、同事當中，勸他們信仰，信因果、信報應，多作好事別造業，能讓他念念佛、讀讀經，以此度眾生。

雅思淵才文中王　歌舞談說眾所欣

一切世間眾技術 譬如幻師無不現

菩薩示現作文章、作詩詞歌賦，乃至作文學、作科學家。「王」者，是自在義。這包括一切，包括最吃香的科學家，科學得發明令衆生得利的，不要發明武器，不要去殺害衆生。或者唱歌、或者跳舞、或者談說，這是大家所欣樂的。歌廳、舞廳裡很少菩薩，也不能說那不是菩薩，凡是世間所有的技術，乃至一些工幻師，幻化一切境界相，菩薩都示現，不但示現而且能成就三昧。這叫什麼三昧?世間三昧。

大菩薩也示現同事攝!前面講，「譬如蓮華不著水」，不要讓污泥把你染了。不論你現何種相，目的是引誘衆生，這叫示現同事攝。以下的偈頌都是示現的。

或為長者邑中主 或為賈客商人導
或為國王及大臣 或作良醫善眾論
或於曠野作大樹 或為良藥眾寶藏

或者作醫生、或者作國王、或者作大臣，都是菩薩化現的。「曠野作大樹」是什麼意思?現在我們有很多黃果樹，我記得自己當犯人的時候，拉大車拉的滿頭是汗，太陽又毒，看見一棵黃果樹，大家高興的圍著它乘涼，那黃果樹就是菩薩化現的。菩薩化現一棵黃果樹，作爲蔭涼衆生。菩薩還化現良藥，我聽過一個故事，四川出黃蓮，黃蓮有黃蓮寶，不論什麼病，吃了黃蓮病就好了。菩薩示現藥，示現黃蓮，治一切病。

在新疆天山，有天山雪蓮！凡是火燒的病，把黃蓮沏杯水喝了就好了，示現藥的。曠野下雨颳風，菩薩示現一棵大樹，使眾生到底下，可以乘涼又可以避難，或者示現良藥。我看那煤炭，也可能有菩薩示現的，寶藏裡什麼含藏都有的，菩薩有沒有示現石頭的？來給人作地基，修寶殿，什麼都示現。

大家知道示現的意思嗎？像我們這裡有些菩薩示現的，示現作比丘，示現作比丘尼，示現作居士，示現同類，互相把同道度了。示現寶珠，對好多的藥材，我就懷疑，藥材是無情的，可是無情的比有情還靈。大家知道天麻，腦子不靈了，用天麻配藥治腦。但是天麻有幾種，有明麻有密麻。密麻的天麻，你看見它，這樣去逮它逮不到的。你看見它，不要看它，離它很遠就開始挖，才能把它逮到。明麻呢？誰都看到。我說，密麻是不是菩薩化現的？

還有接骨丹叫脆蛇，在樹上是植物，落到地下就是動物。蟲草！這些可能有菩薩示現做的。這叫咒術醫藥。現在這個咒術也還很靈，在印度那是非常靈的。念咒，念咒能夠制止，能夠變化。凡是資身工具，能示現利益眾生的，菩薩都能示現。

有的世界剛開始成就，我們沒有菩薩的大智慧，沒有天眼看不到的，有的世界在成就，有的世界在變壞，有的世界在消滅，有的世界還在成長，有種種的不同。

還有資身的工具，菩薩什麼都示現，只要對衆生有利益，就看你有沒有福報，沒有福報你遇不見菩薩，遇不見這種示現的。菩薩爲了度衆生，給衆生示現種種行業。或者示現逼惱衆生，要造業衆生，逼惱他使他做不成，這些都有，或者自己以殊勝的功力來救度衆生，制止造惡的人，使他造不成。

或作寶珠隨所求　或以正道示眾生
若見世界始成立　眾生未有資身具
是時菩薩為工匠　為之示現種種業
不作逼惱眾生物　但說利益世間事
呪術藥草等眾論　如是所有皆能說
一切仙人殊勝行　人天等類同信仰
如是難行苦行法　菩薩隨應悉能作

我們說發菩提心行菩薩道，可不是一句話，那眞得給衆生作事，給衆生作什麼事呢？作利益衆生的事，但是得發大心。每一件事都想到，我們在這兒講經，那邊小居士在運土，在趕建設。爲什麼？我不勞動在這裡出不了家，不勞動人家不收你，沒辦法，想聽課聽不到。要出家找老和尙剃頭，好像我一剃就成就了，不可能！我剎他剎都一樣，這是心裡作用，這叫思想作用。有時候我們每位菩薩，設身處地給人家想，不要光想到自己，這就叫菩薩。總想到別人沒有自己，菩薩行菩薩道的時候，犧牲自己幫助別人。能做得到嗎？我練習七十多年，還不行，距離遠得很。不順自己的意、不高興了，就不幹了。

以前請法師講經是很困難的，不是誰一請，法師就去講了。法師架子很大，稍微不對不講、稍微氣不順罷講、稍微哪不周到發脾氣。法師還發脾氣嗎？法師脾氣更大，知道嗎？將來諸位法師出去外頭講課你就知道，知道你那脾氣好大，這叫業障。不像大菩薩、登了住位的菩薩、信位具足的菩薩，完全不同的。那該怎麼辦呢？多懺悔，多迴向。

或作外道出家人　或在山林自勤苦
或露形體無衣服　而於彼眾作師長
或現邪命種種行　習行非法以為勝
或現梵志諸威儀　於彼眾中為上首
或受五熱隨日轉　或持牛狗及鹿戒
或著壞衣奉事火　為化是等作導師
或有示謁諸天廟　或復示入恆河水

食根果等悉示行　於彼常思己勝法
或現蹲踞或翹足　或臥草棘及灰上
或復臥杵求出離　而於彼眾作師首
如是等類諸外道　觀其意解與同事
所示苦行世靡堪　令彼見已皆調伏

這些偈誦示現的都是外道！菩薩行菩薩行的時候，什麼身都現。佛教徒不是對外道要排斥嗎？華嚴的境界不是這樣。這是登初住、發菩提的，不是大菩薩。前面講四攝法，示現在一切眾生之中，示現跟他同事！你若現比丘相去度他，他不接受的。你示現外道的出家人，他們也出家，也離開家庭。世間上的眾生種種類別，現在這些外道在印度也沒有了，社會的形態時勢不同。

若學《華嚴經》，你就隨緣一些。但你得發菩提心，發菩提心，信具足了，入了住位的菩薩，你才可以。不然，你去化外道，沒把外道化了，自己反而變成外道，那就麻煩了。得看自己的功力，自己的功力夠，自己理解了，可以示現種種形相，目的在化眾生歸入佛道，就是這麼個目的。

前面示現的，或現文學士，或現歌舞談笑，或現長者，或現作生意的大商人，那是隨正法的，以下全是外道。我們現在念的偈子全是外道，有事火婆羅門，有裸形婆羅門，裸形婆羅門是什麼衣服都不穿，裸體外道。菩薩就現給他們作師長，教化他們，示現邪道領他歸正道。他們以非法爲勝，所以，最好是什麼呢？莫現奇特相。大衆如何，你頂好就如何，生在什麼時代，就隨什麼時代。不然，怎麼度衆生？這就是示現同事，跟他作一樣的事，他要是外道，你也示現外道。但是外道他不認爲是外道，他認爲他是正確的，他才能了生死。

你到印度去了解他們，有信奉牛教的。他把牛當成神，我們供養人、供養神，他供養牛，一天給牛磕頭禮拜的，在牛角上掛些五彩的，有什麼寶物都往上掛，這是我親見的。裸形外道，我沒有見過。在印度、在西藏，大家圍著一個大火火堆，碎木材燒的火很大，對那火磕頭。菩薩爲了要利益這幫人，要轉化他們，就示現跟他同類。因此我們所看到的，是我們的心量所看到的境界！這是到位的菩薩才有這種境界，如果沒有也不能這樣做，你這樣作就完了。你證得法性，認得法性，相似見法性，你信佛信三寶信得堅固不退，登了初住位的菩薩。

前面是示現隨順聖境，而能示現的百界作佛，也能大菩薩。你示現了，該作什麼事呢？前面講的都是住位菩薩作的，行位菩薩、迴向菩薩，後面要講的，是發了菩提心，利益一切衆生。利益衆生不是空話，得去作、得教化他們，或者以利害，或者示現同類，跟他相似，才能接近他，不然，怎麼接近呢？我看現在的國際間諜、情報單位，每個國家都有。作情報員，什麼技術都得會，就像我們菩薩發菩薩道，示現種種類型，他可以是工人，還可以示現高級幹部。如果看英國福爾摩斯偵探小說就知道了。

因此，佛教化衆生的時候，佛就如是，身同世間利益衆生，你這個身所現的都是世間相。爲什麼？要利益衆生。爲了利益衆生，菩薩什麼都作。就像我們現在看偵探小說，或者情報局的人員，爲了刺探消息，什麼都做，而且還要化裝。不過，菩薩不是化裝，他到那兒受生，這叫示現同類攝。

「或復臥杵求出離」，他不在床鋪上睡覺，而是在大地上睡覺。就是那寶杵，把杵一立，他靠上就睡覺，他說這樣睡眠能夠出離，能夠成道。菩薩對這一類就給他示現這一類的，隨類示身。

「如是等類諸外道，觀其意解與同事。所示苦行世靡堪，令彼見已皆調伏。」爲調伏外道示現的吃苦，吃得比外道還厲害，外道才服你。我們這兒有菩薩化身，示現比丘尼，或者示現優婆塞，或者示現優婆夷，或者示現比丘，這裡說的是邪道，正道也如是。他的位已經很高深了，示現跟你一樣，才能度他。

眾生迷惑稟邪教　住於惡見受眾苦
為其方便說妙法　悉令得解真實諦

目的就在此，給他方便示說妙法，所說的一切都是佛所教授的。行外道法，他就信了，由外道而信入正教。大家讀戒律都知道，大目犍連尊者、舍利弗尊者、迦葉尊者，都是外道，佛把他們攝化入佛道。菩薩利益衆生，這是菩薩道，不是比丘道，比丘不行。那樣不就犯戒嗎？菩薩所持的戒是心。我們讀菩薩戒十重四十八輕，那是大菩薩。那些大菩薩他所示現的叫作持，示現一切外道，度一切外道，應該做的叫作持，不是止持。

佛說作持的時候，可不是跟我們一般人說的。梵網戒，跟六重二十八輕戒、跟比丘戒、比丘尼戒不同的。菩薩注重於作持，讓你行菩薩道，這都是作持。菩薩應該作作持，就是身語意三業的大用，大用不是小用。說法的時候就是語業的大用，身體示現外道身，那也是大用。目的是什麼？讓他皆入眞實諦。就是明白發菩提心成佛，度一切衆生都讓他成佛。下面說四聖諦法。

或邊呪語說四諦　　或善密語說四諦
或人直語說四諦　　或天密語說四諦
分別文字說四諦　　決定義理說四諦
善破於他說四諦　　非外所動說四諦
或八部語說四諦　　或一切語說四諦
隨彼所解語言音　　為說四諦令解脫

大乘叫四諦法，小乘叫四聖諦法，苦集滅道，就是世間因果、出世間因果。先說苦，知苦驗因，知道苦了，苦怎麼來的？是你自己作的，是招感來的，是集來的，你招感很多業，變成你受的苦果。

清涼國師引證些印度話，這是用不同的語言說。在西藏學咒，好多咒就是說四聖諦。梵語，就是印度話，叫「達羅鼻荼曼達邏鉢底韓」，這是什麼？這就是咒。這個咒說「達羅鼻荼」，「達羅鼻荼」是南印度一個邊地國家的名字，華言的意思就是「消融」，消化的消，融解的融，圓融的融。「曼達邏」就是「咒」，我們所供的曼達拉，就是咒。「鉢底韓」就是「句」，一句話兩句話的「句」。說這個國家的人，秉性淳厚，質量好，他所發的言，所說的話全是咒語。因此，就把這個國家的名字定爲「鉢底韓」。

有什麼樣的福報呢？如果別的國家侵犯的時候，不跟人家打仗，念這個咒就破除了，所以這個咒叫消融咒，一切冤結用這個咒就消融，這是這個國家的四聖諦法，清涼國師舉這麼個例子加以說明。四諦法就是苦集滅道，我們這兒說苦集滅道，在那個國家就用咒語形容，西藏說的聖諦就是密語，密語就都是密，密意，苦集滅道。在華言、在我們這個國土，就說苦集滅道，四聖諦法。

四聖諦法的涵義，就是知苦斷集、慕滅修道。你既然知道是苦，苦怎麼來的？爲什麼要受苦？告訴你，是你作的因所招感來。爲什麼有戰爭？業啊！戰爭就是苦，爲什麼有刀兵？爲什麼有饑饉？爲什麼有地震？爲什麼會沒有水？這叫苦。是你過去的業果所感召的，這叫「直語說四諦」，西藏是「密語說四諦」，都叫咒。我們說學西藏的教義叫密宗，用密語說四諦。好比用各各國家的文字語言，「分別文字說四諦」，「決定義理說四諦」。所以，各各地區不同，語言不同，表達四聖諦的意思也不同。

所有一切諸佛法　皆如是說無不盡
知語境界不思議　是名說法三昧力

世間法即是佛法，如果離開世間，那法說它做什麼呢？轉化世間，所以佛法就是明白、覺悟，把世間一切的事，一切的行爲，一切的言語，一切的行動，用覺悟觀照，這就是佛。大家都知道，佛者覺也。明白人說的法就是覺悟的方法，明白的方法，沒有其他。「佛法在世間，不離世間覺」，佛法就在世間，你明白世間，就是明白佛法。

「所有一切諸佛法，皆如是說無不盡。」也沒有說外道，沒有說四聖諦、阿脩羅。這個沒有是什麼沒有呢？是在空義上建立的。

在《華嚴經》講，一切諸法皆由心變成的，所以叫三昧。不止四聖諦、六度萬行、一塵境界、大方廣佛華嚴，都如是！對哪一類的衆生說哪一類的法，這一大段偈頌，就是同世間三昧門。這些菩薩修道的時候，得到了靜境，也就是定的功力，所產生的智慧，這個智慧做什麼呢？隨順世間、建立世間、轉化世間，世間上他做什麼，你做什麼。有些同學在大學當老師，他就隨化！在國外弘法，到哪國就用哪國的語言，這叫隨世間。隨世間可不能讓他把我們轉了，我們要轉化他。

有勝三昧名安樂　能普救度諸群生
放大光明不思議　令其見者悉調伏

以下不是說話，而是用光業度眾生。大家看《地藏經》放三次光，第一品、第六品、第十二品，佛沒有說話，只是放光，以光表示說法！佛的業用，以光就傳達資訊，見到光就知道這是什麼法。也有解釋深的，也有解釋淺的。這個三昧叫什麼呢？叫安樂，讓一切眾生都能得到幸福，都能過著幸福生活。這個光明裡說的法就說這種法，令聞到法的、聽到法的，都能調伏你的煩惱，把你那個不安靜的心，調伏安靜了。

這一共有四十四法，叫四十四門。每一光中，一個先標光的名稱，一個標光的業用，爲什麼要出這個光，光的因。以這個光所感召的果，因必具果。因一定要結果，不管怎麼樣挫折。如果因好，果實結得就好。因地不眞，修的不眞實，果感得就迂迂曲曲，果遭迂曲，要因地眞。

第一個先說兩種光，表示佛法僧三寶；有的四種光，讓你發大心，要救度一切眾生，行菩薩道。我們前面所說的菩薩，登了初住的菩薩，就能示現度一切不同意見的外道。令你發大心，就是四弘誓願，「眾生無邊誓願度，煩惱無盡誓願斷，法門無量誓願學，佛道無上誓願成」，放四光就是表示四弘誓願。

有放二光的，放兩種光的，兩種光表示什麼？「總圓福智」，表示福德、智慧，福慧圓滿；又有放二光的，一個是救護、攝受；一個是理法界，一個是事法界。

有放六光的，怎麼叫六光？六波羅蜜，行六波羅蜜。有放七光的，四攝對六度，七種光明，四攝法加上六度法，六對四。有放一光的，「一光總彰三學」，佛只放一光，就是戒定慧，總說起來就是三學。有放八光的，那是雜彰萬行，雜染的萬行，有淨有染，就像我們度種種外道，用三學對著萬行，光裡就說這些法。

或者說六光的，「令內根內淨」，就是六根清淨，眼耳鼻舌身意內六根，內六根怎麼清淨的？當你成就了，悟得清淨心。前面我們講〈淨行品〉，六根清淨，每天你洗刷六根。又者這六光，內六根對著外六塵，就是六根轉六塵。六根轉六塵的時候，你所觸境，觸境生心，境全變成心。眼對各種顏色，你理解到是一眞法界隨緣演化，隨你自己起觀行。

凡是觸境，我們一先接觸的都是境，遇著什麼境生起什麼心，但是把這個境全部要轉化，當六根接觸六塵的時候，轉一切境界相，就是覺悟！若是被境界轉了，那染污了。《楞嚴經》顯這意思，顯的非常深，心能轉境，即同如來。心把一切境界、外觀客塵環境能轉成如來，跟佛一樣。但是心被境轉，你的心被外邊境界相，遇什麼執著什麼，看什麼貪戀什麼，那就是衆生，是三惡道。

所放光明名善現　若有衆生遇此光
必令獲益不唐捐　因是得成無上智

佛所放的光，只要見到光的人、接觸到光的人，絕對有功德。「必令獲益不唐捐」，「不唐捐」不是空空的，唐喪浪費，不會的，一定得到利益，「因是得成無上智」。佛放光的名字都叫善現光明，假使衆生遇到這個光，一定獲得大利益，一定得到好處，得到什麼好處呢？消災免難，見光證道，因這個才能得成無上智。

彼光示現於諸佛　示法示僧示正道
亦示佛塔及形像　是故得成此光明

光中顯現佛法僧三寶，顯示諸佛、法、僧、正道。以光說法，一共有四十四門，都是光的作用。在《華嚴經》上，佛很少說話，都是大菩薩說的。我們學了這麼多品，都是菩薩在說，佛只是示現，前面只是現光。入了住位的菩薩發菩提心，他能感得諸佛光的加持力，他能在光裡頭分辨出來，或者在光裡頭示現佛的塔，或者示現佛的形像，這些光明是這樣成就的。

又放光明名照曜　映蔽一切諸天光
所有暗障靡不除　普為眾生作饒益

如果大家到過寧波阿育王寺，阿育王寺佛舍利現的光明，每個人看見的都不一樣。有的看到小珠子，有的看到釋迦牟尼佛像，有的看到觀世音菩薩，所現的種種不同，有的什麼也沒看見。爲什麼？業不同。就像到北京靈光寺看佛牙，每個人看的也不同。不是都是一樣的，有的看就是一個牙，有的看的很黃，不是很清淨潔白的，有的看見不是的，他看見的是佛像。有的不但在裡面看，連外頭那個磚塔，外面空中也現光明，寧波舍利塔經常現光明相。

佛的遺物，大家知道「舍利」吧？「舍利」就是骨灰，就是屍骨遺留下來的。佛的屍骨，不論哪一部分，都是光明的，都起妙用的！若見了這光明，你得度了。放光明呢？放光照耀你，有的光明把所有天空、太陽、月亮的光都不顯現了，佛光顯現了。也有不見光的，所有暗障，見著佛光一切都除掉，這是佛用光來度衆生，普爲衆生作饒益。

此光覺悟一切眾　令執燈明供養佛
以燈供養諸佛故　得成世中無上燈
然諸油燈及酥燈　亦然種種諸明炬
眾香妙藥上寶燭　以是供佛獲此光

供光的因，感光的果，燃燈供佛不論大小，都是表示光明義。你供養的是一般的燈光，獲得佛的光明，消災免難。

又放光明名濟度　此光能覺一切眾
令其普發大誓心　度脫欲海諸群生
若能普發大誓心　度脫欲海諸群生
則能越度四瀑流　示導無憂解脫城
於諸行路大水處　造立橋梁及船筏
毀呰有為讚寂靜　是故得成此光明

這是發四弘誓願，「眾生無邊誓願度」，拿光明度盡一切眾生！所有在欲海漂流的，在人間就稱六欲，在欲海中沈沒漂流的。如果能發起來大願、大誓，發這四願心，我們念經都要發四弘誓願，那就是發大願，我們念念就是了，不作觀想效果不大。我們一天都在念：「眾生無邊誓願度，煩惱無盡誓願斷，法門無量誓願學，佛道無上誓願成。」你得有觀力！四弘誓願說，我要這樣去作！不是念念那個文字，光念文字效果不大。這是讓我們根據教義去觀想。

住位的菩薩爲什麼能發起這麼大的心？因爲他的信心滿足了，他相信佛所教授的。就說四弘誓願，天天發這個願，你那心量就大了。自己一點病苦，一點什麼不如意，你觀想四弘誓願。當你腦殼痛了，發願讓一切眾生，有情乃至無情，樹上不要長疤，因爲有的樹會結疤。連樹、植物都讓它清淨。特別是念《地藏經》，所種的花草樹木特別茂盛，爲什麼？堅牢地神發了願，堅牢地神專護這個事，效果非常好，試驗一下吧！一盆花在屋裡頭，快要死了，你可以給它念一部《地藏經》。但是自己得先信！你這樣作久了，信心才建立起來。大菩薩的信心，不是像我們一般的欣樂心。

假設一位弟子打電話來說，某某病，醫生治不好了，我們就告訴他，你念《地藏經》，念完了再念一萬聲的地藏聖號，但你得眞誠。你給他囑咐又囑咐要眞誠，他念完了也好了，你說他信三寶不信？假如給你念完了沒好，我們也要有說的，不能沒說的。沒好？你的心不誠！你念的方法、供養、處理，心不誠！誠則靈，這個話大家一定要記得，誠則靈，不誠則不靈，佛說一切的法都不靈。你連個誠心都沒有，怎麼會靈？怎麼樣才算有誠心？你自己都不信，介紹給人家效果不大。你的信還沒有具足，說你到了十信滿心，登了初住菩薩，你看這些境界相，我們現在講的都是初住菩薩境界相，但這個時間可經過很長，十信滿心的時候，眞正信心建立起來的時候，登了初住，他能示現一百個世界去成佛。

懂得這個道理了，大家發心濟度一切衆生的時候，第一個先得自己成。你的信都不具，還怎麼教別人呢？修行修行，什麼叫修行？你這樣作就是修行，你念念都是利益衆生。四弘誓願不是空的，是實的，那不是眞空，那是妙有。和尙講眞空的時候，是不空的，它有不可思議的作用，眞能度衆生。恐怕我們這些道友都不相信，因爲他自己沒得度，還很苦惱，他想的作不到。你那想的不是眞實的，你那想的跟眞理相違背，跟成佛有違背，所以你的想是業障，因爲裡頭含著有很多的業，起起伏伏的業。你得普發大誓心，才能得到佛的光明，叫濟度光明。

放大光明叫濟度，救濟、度苦、度難，一切衆生都得度。這光明能使一切衆生覺悟，覺悟就是明白。開悟就是你明白，開悟有什麼了不起，開悟就是我明白，明白生死是怎麼回事，明白了就了了。你明白涅槃是怎麼回事，明白什麼叫度衆生，我明白了度衆生。連自己都沒有度到，你那是假明白，不是眞明白。明白有眞有假，你相信嗎？信不信？明白有眞有假。光明也有眞有假。放這麼多光明，是如來放的光嗎？眞是如來放的光，你遇到這個光明，你得了濟度。光明能使一切衆生覺悟，令其普發大誓心，發起大悲大智大願大慧，誓願度眾生。

「度脫欲海諸群生」，在五欲漂流海中，我們看見很多死屍，這叫活死人，都是活著的，又都在欲海裡死，形容著被五欲所淹沒。「若能普發大誓心，度脫欲海諸群生，則能越度四瀑流，示導無憂解脫城。」指示、導引你，到解脫地方，我們把它說成極樂世界，無憂無慮都解脫了。

「於諸行路大水處」，說遇著大水、遇著河，過不去了，「造立橋梁及船筏」，船渡、筏子渡，或者修座橋樑在橋上走。「毀呰有爲讚寂靜」，有爲法是動蕩的，在生死瀑流裡一天流蕩不息。寂靜下來最好，這不是指你的行爲，而是說你的心一定要寂靜下來，一定要修定，寂靜是得到大定。以上都講的是得到三昧。佛爲什麼有這麼多的好光明？因爲佛濟度眾生，過去發大心，才能成就這個光明。

又放光明名滅愛　此光能覺一切眾
令其捨離於五欲　專思解脫妙法味

光明的名字叫什麼呢？「滅愛」。你沾著這個光明，什麼愛都沒有了，這個愛是癡愛的愛，不是大慈大悲愛護眾生的那個愛，愚癡黑暗，簡單說就是愛情。愛，情生於愛，愛增長情。依著這個光明，情愛一切都消失了，沒有了，變成智慧。菩薩大悲度眾生不見眾生相，不是癡愛，而是光明。這個光明使一切大眾都覺悟，覺悟了就是開悟，開悟就是明白，明白什麼呢？生死的根本就是癡愛。

佛教導我們，當你到三界受生的時候，菩薩不同，他乘願再來，大菩薩更不同，他可以化現，沒有住胎的苦楚，也沒有生的苦楚，他沒有這些生老病死苦。為什麼？他離開五欲，沒有五欲境界，他是解脫妙法味。這個不是言語，但是沒有言語不能顯現，言語給你說，你要思惟、要觀照，觀照就是行。

講這些光明、這些思惟，是讓你去作，告訴我們方法。當你思惟這樣，靜坐想這些，照著佛教導這樣去作的話，自己就放光明，只是自己不認識。當你誦大乘經典，好多鬼在旁邊給你膜拜，在那磕頭拜你！雖然沒見著，他要沾你的光明得度。每個人都有光的，光就是什麼呢？就是智慧。智慧光明，智慧大的光明大，智慧小的光明小。當心思惟的時候，思惟就是智慧，思惟就是觀，當你照見五蘊皆空的時候，像觀世音菩薩入深般若波羅蜜，照見五蘊皆空，那光明就大了。

若能捨離於五欲　專思解脫妙法味
則能以佛甘露雨　普滅世間諸渴愛

若捨離五欲、專思想解脫，有什麼好處呢？衆生的愛達不到，父母之愛、男女關係之愛、子女之愛，反正你所好愛的一件物品，或者你的寶貝，要捨離這些五欲境界。廣說五欲，財色名食睡，這叫五欲。五欲的解釋很多了，這是我們普通的，現在所用的。愛財，爲什麼？財能滿足五欲，有了錢什麼都有了！有了錢什麼都有，就是沒有佛法，五欲別的都可以備辦，備辦覺悟，這是五欲所辦不到的。用錢買解脫也買不到，絕對買不到。「色」不是光指男女關係之色，有的喜歡紅的、有的喜歡白的，白的清潔、無染，有的喜歡藍的，這是顏色的不同。

「專思解脫妙法味」，心裡想的就是解脫一味，五欲不貪。這個時候就能夠去滅眾生的癡愛，能以佛的甘露雨，「普滅世間諸渴愛」。

惠施池井及泉流　專求無上菩提道
毀呰五欲讚禪定　是故得成此光明

現在大家知道沒水喝之苦，你若是不喝水，身上血液還能流動嗎？所以惠施給一切泉流，就是要有水。現在我們世界上好多人沒水吃，特別是非洲，水源非常缺乏。「專求無上菩提道」，用源泉之水形容，說我把這些施給眾生，目的是達到什麼？爲了成佛。無上菩提道，達到究竟覺。

五欲，可以批評他，可以毀呰他，爲什麼？五欲跟禪定是相反的，是混濁、沒有智慧、越來越亂，禪定是寂靜的不亂。這個光明叫什麼？叫禪定光明，消滅五欲，「是故成得此光明」。

又放光明名歡喜　此光能覺一切眾
令其愛慕佛菩提　發心願證無師道

放個光叫歡喜光，歡喜光就是人人都歡喜。如果登了初地，大家都歡喜。大家看見彌勒佛吧？中國的布袋和尚，永遠笑哈哈的，那是以歡喜布施給人。你一天愁眉苦臉的，誰看見你也跟著發愁。總現歡喜相，這個很難！觀自在菩薩也是總現歡喜相，文殊普賢就不同，大家看看文殊普賢跟觀世音菩薩示現的不同。各個菩薩度眾生時，他所示現的各有表法。

像禪宗分出好多門，每一個門有一個門風，各個的光明不同，使你能得入，見著這個光明，你能消除煩惱，見著光明你可以沒有苦惱，所以這個光明，你若見著就覺悟了，「此光能覺一切眾」。這光叫什麼呢？佛有無邊煩惱誓願斷，所以生歡喜，斷煩惱生歡喜。令一切眾生都欣樂愛慕，愛慕什麼呢？佛。菩提是法，佛跟菩提和合，佛現的是僧相，就是僧寶，愛慕三寶。

「發心願證無師道」，這個可不是外求的，是什麼道呢？菩提道，菩提道叫「無師道」。菩提，覺者，就是覺。覺是自己本具，不要往外求，外求是求不到的，諸佛菩薩啓發你、教育你、輔育你，讓你覺悟，讓自己發心，自己的覺悟，這個光就顯示這種意思。

造立如來大悲像　眾相莊嚴坐華座
恆歎最勝諸功德　是故得成此光明

這個光明是怎麼成就的？大悲！拔一切衆生苦，讚歎一切諸功德。凡有行善法的，這就是普賢菩薩大願，第五大願隨喜功德。一切衆生、一切諸佛，上至諸佛、下至一切衆生，所有行爲，只要是善的，都讚歎隨喜而成就這個光明，這個光明令一切煩惱都斷除。

又放光明名愛樂　此光能覺一切眾
令其心樂於諸佛　及以樂法樂眾僧
若常心樂於諸佛　及以樂法樂眾僧
則在如來眾會中　逮成無上深法忍
開悟眾生無有量　普使念佛法僧寶
及示發心功德行　是故得成此光明

上念佛法僧三寶，下化一切衆生。念佛法僧是功德，下化一切衆生還是功德，這叫上求下化。上求是爲了下化，下化是令一切衆生都能成三寶，都能成佛，才能成就這個光明。敬愛三寶能窮盡一切法門，三寶包括了一切。無論作什麼佛事，一舉一動，三寶常時在前，一定皈依佛、皈依法、皈依僧，乃至誦經結束了，最後還是皈依佛、皈依法、皈依僧。三寶就是我們發起的功德，也是功德成就的皈依處所，都是三寶，這個光明就叫三寶的光明，佛果上的光明。

又放光明名福聚　此光能覺一切眾
令行種種無量施　以此願求無上道
設大施會無遮限　有來求者皆滿足
不令其心有所乏　是故得成此光明
又放光明名具智　此光能覺一切眾
令於一法一念中　悉解無量諸法門
為諸眾生分別法　及以決了真實義
善說法義無虧減　是故得成此光明
又放光明名慧燈　此光能覺一切眾
令知眾生性空寂　一切諸法無所有
演說諸法空無主　如幻如燄水中月
乃至猶如夢影像　是故得成此光明

又放光名法自在　此光能覺一切眾
令得無盡陀羅尼　悉持一切諸佛法
恭敬供養持法者　給侍守護諸賢聖
以種種法施眾生　是故得成此光明
又放光明名能捨　此光覺悟慳眾生
令知財寶悉非常　恆樂惠施心無著
慳心難調而能調　解財如夢如浮雲
增長惠施清淨心　是故得成此光明

「光明」，這可不是前面的〈光明覺品〉，而是登了十住位的菩薩，你所作的事業全是光明的。化度眾生，讓一切眾生都能得到光明，在光明裡就是說法。光明裡告訴你一切財寶不是常有的，「悉」就是全，全都無常。令一切財寶，無常的，不要貪愛，不要不捨。

本來這些偈頌念念就行了，我們還是跟世間法結合說一下，講講故事。河南的黃河發大水，逃難的人，各拿各的所愛。有一戶人家裡財富很多，黃金很多，他就背了一口袋黃金，袋子裡都是黃金、金條。他在大樹躲避水災，大概他背著金條太重了，爬不上去，就在樹中間休息。另一個人，背了一口袋饅頭，他背的麵包輕，爬到樹尖上，那水淹不著。待了一天，拿金子的人肚子餓了，他看見背饅頭的拿著就吃，他沒辦法了！他跟背饅頭的講生意：「我給你一個金條，換你一個饅頭。」「嘩！」背饅頭那個一想，這太便宜了，那一個饅頭哪值得一個金條，就賣給他了。吃了吃待會兒又餓了，他又拿出個金條換給他。換來換去，那人背的饅頭，都變成金條。

這才幾天，水災也歇息了，換饅頭那個人，他就不吃，餓的實在沒辦法，因爲不知道水什麼時候退。那位把饅頭都換給人家變成金條的，他沒有饅頭，只能看著人家吃。他想再往回買，那人欺騙他說沒有了，吃完了。結果，得到金條的那個人餓死了，換饅頭的這個人呢？金條又得回來了，饅頭也吃了。

這叫什麼？是金條値錢？還是知道財寶是珍貴？人爲什麼要造業？世界爲什麼要亂？不是金銀財寶！大家想想，若沒糧食，人還能活嗎？人受口腹之累，天下若沒吃的一定亂，沒吃的他不會去搶？搶不到把他弄死了，反正我沒吃的也餓死。還有一個什麼呢？鐵器。我想，一個糧食，一個鐵，離開了糧食、離開了鐵，你沒辦法生存，所以一切財寶無常的。現在一切人，掙十億，掙二十億，掙一百億，掙二百億，登到財富榜。你能用得完嗎？又不肯捨，叫你「恆樂惠施心無著」，心裡不要執著，不要在財富上執著，不要在財寶上執著，千萬要布施，不要慳吝不捨。

但是，衆生慳吝的心，捨不得！不捨就不能得，我們世間說俗話，捨得捨得！若想得，你要先捨，捨了才得，不捨不得，一切事物都如是。我們要調慳貪嫉妒心，慳心難調而能調！多給他講道理，給他講事實，理解到財寶像作夢似的，夢一醒了什麼都沒有。財寶像浮雲一樣的，浮雲一陣風都給它吹過去了。但是這個浮雲，來的時候能把太陽遮到，你莫要相信，一會兒就過去了！浮雲雖然能遮日，但是不常。一會兒浮雲就過去了，一切財寶也如是，要認識它！認識它就要調伏它，不要生慳吝心。

以前因爲宣揚佛法，給我加刑，現在我怎麼講都沒事。爲什麼？此一時也彼一時，那個時候是那個時候，這個時候是這個時候。我們的人生，一切法都如是，現在你跟資本家，乃至於我們這些工人，他打一天工掙好多錢？你跟他講這個，他聽得進去嗎？說惠施，財寶都是無常的，我們這些和尚很理解，我們什麼都沒做，就是信三寶。這麼冷天氣，我們屋裡有暖氣，身上穿棉襖，肚子吃飽飽的。怎麼來的？想過嗎？三寶加持力，就是我們信三寶、供養三寶，心裡頭就是三寶，這是佛的功德。佛的福報一分，眉毫相光的一分福德，留給他的末法弟子，享受不盡。

還不用說你怎麼修道，我們這些和尙就可以，大家回頭想想吧！我們一天幹什麼？還不眞心誠意的尊敬、供養三寶？那不是你的福德，人家是供養佛、供養法，因爲你是掛名僧，包括你在內，所以你來享受。他換取的是什麼呢？比這個不知要多多少倍，比他現在供養的，或者供一包大米，或者一噸煤，這是有相的，是有數字的，他得那個福報可沒數字，沒有形相。什麼力量促使他這樣子做？大家想想，那拉煤的，夜間都得拉，爲什麼？怕堵車，越是這樣，你也想趕到夜間，我也想趕到夜間，反倒堵了，大家都想趕到那個夜間來，他能不堵車嗎？所以要解脫，解脫是什麼意思？一切都不執著，這只是財，其他的還多了，財、色、名、食、睡，全部如是。

現在談戀愛沒談成，或者哪一方不要哪一方了，或者吊死、跳河、自殺，有必要嗎？看破了，放下吧！所以，我們和尚說佛菩薩的教導，能使你解脫、使你快樂、使你沒煩惱、使你看破放下，好自在！無罣無礙。我們好多道友害怕，怕什麼？根本不信佛！天天唸《心經》，心裡還七牽八掛，所以才有恐怖，「心無罣礙，無罣礙故，無有恐怖，遠離顚倒夢想」，這是一句話嗎？一切財如浮雲，讓你放下，看破吧！求道，就是把你的心洗刷得乾乾淨淨。清淨了，什麼也不怕，你怕什麼？生、老、病、死，現在人說死了死了，死了就了！他不懂得，死了了不到，死了隨業受報更苦，活著比死了強一點兒，活著還能自由一點，下地獄不自由了。

我說住監獄跟在外頭絕對不兩樣？絕對兩樣的。沒住過的，你就試試看吧！那就不自由了。你有身體就有束縛，心裡若放下了，身體不會束縛你。怎麼樣了呢？若心開了悟、明白了，一了百了，那才眞正了。但是又回來，又不了，怎麼不了？衆生還沒了，這是講行菩薩道！要發菩提心，登了初住位的菩薩，就有這麼大的力量，放這麼大的光明。

我們盡是講放光，放光是不是說法呢？佛說法經常是以光代說，用光明就表示說法，而且一切光明都有名字的，每一個光明都有涵義！它所含的道理，是依眾生在光明之中所得利益而定名的，不是光明有名字，大家要體會這個涵義。

「福聚」，翻過來說叫「福德」，不是一福、兩福，而是聚了很多的福。佛在光明中加持眾生，令眾生知道布施，知道施捨。施捨有兩種，一種是財施，一種是法施；若說三施，再加上無畏施。眾生恐怖的事情太多了，說他憂愁、擔心，恐怖就是擔心，佛要使他減去憂愁，減去他的擔心。個人對光所感的體會不同，所以光明的名字也不同。這個光明顯示，若想有福你要捨！不捨，福報不會來的，能捨能得。「聚」的涵義就是你所作事情，盡是幫助別人、利益別人、布施給人家，於人家恐怖時，使他安定、安穩不恐怖。

我們舉個例子，有人打捕鴿的，或者說有人打獵的，動物受獵逃到你身邊，那個動物感覺到，你有慈悲心不會傷害牠！牠要從你身上求得保護，你施給牠無畏，這也是福，這個福很大的。「聚」是在這個光明當中，以光明來利益眾生，使眾生得到很多的利益，這是一種。這個光明得的福是出世間福，不是世間福，因爲這個光能使眾生覺悟。覺悟的涵義是知道佛所說的法，是讓我們傳播，不是讓我們不捨。爲什麼這樣說呢？像諸位法師在普壽寺學了很多法，學了好幾年，就是不說法，換句話說你就是不放光。

或者該你說了，「我沒光。」說法就是光，那就是放光。「人家不信我的。」不信，你給螞蟻說，給畜生說。螞蟻有很多，很有靈感的。白螞蟻對人的傷害很大，能把木質的建築物都破壞了，黃螞蟻不會的。白螞蟻、黃螞蟻、黑螞蟻，還有一種紅螞蟻，紅螞蟻非常厲害，戰鬥性非常強。研究過嗎？你給那螞蟻說法，但是說的時候得要吹氣，給牠吹氣讓牠懂，懂了牠會有感覺，牠不動了！試驗一下吧！比丘尼們，見到螞蟻很多，你給牠說法，一邊念一邊吹氣，那螞蟻不動、不跑了，在那兒等你吹，這就是給牠說法。你給人說不聽，給畜生說！聽不懂，你加持牠！我們也不懂，佛給我們講《華嚴經》，那些大菩薩講《華嚴經》，我們也不懂，我們懂嗎？但是種善根了。積福的方式很多，但是眾生不去積福，捨福的方式也很多，那跟眾生差不多了，會捨福不會修福。

怎麼樣才能福德聚呢？「令行種種無量施，以此願求無上道」，這是一偈，說你作種種無量的施捨，捨就是施，布施，六度萬行的首度。「種種無量施」，我剛才只講三種，這是經上說的財施、法施、無畏施。你說句好話給人家、幫助別人也是布施，人家在布施你在旁邊讚歎隨喜，這也是布施，看見作好事的，你沒作，沒作你隨喜，這是交互隨喜。若是懂得佛所教授的意思，天天念都可以修福。

我們舉現實的例子，我們看見那些莊嚴佛國土，鍛練勞動，我們沒去參加勞動，隨喜他們的功德！勞動的沒能到這兒來聽課，看見師父們都來聽課，他也應該發願隨喜，這個福德他有一份。隨喜布施、隨喜聞法、隨喜勞動，你們都可以互相隨喜，只要有利益衆生的事，只要隨喜的願力大了，無上道成就的很快。不是一門的，是無量門的，這叫發願。看別人勞動，你隨喜勞動，看別人聞法，你隨喜聞法，聽見、看見打仗的，你可別隨喜，這個隨喜不得，這個隨喜就麻煩了，那要怎麼樣呢？幫助他們懺悔，給他們祈禱迴向，這樣你會種無量福德。見聞覺知、放光動地，就是隨喜的願力。因此，把一切隨喜、一切布施都迴向成佛，還有下化，下化就是利益衆生，捨本身就是下化。

「設大施會無遮限，有來求者皆滿足」，佛教導的跟我們衆生的心恰恰相反，我們在布施的時候怕人多，爲什麼？因爲自己的物資不夠，那你不要管它的，你捨的是心哪！大施會、無遮大會，無限量無遮止，凡有求者皆滿足。物資沒有那麼多，你發願，用願力滿足。我們有的人學了佛法，什麼都能捨，這裡說的是財物。讓你捨眼睛、讓你捨鼻子、讓你捨腦殼，捨得嗎？這叫內施。內施、外施、無畏施。內裡就是身體髮膚都可以捨，現在有需要器官的，你捐獻一個給他，這叫無遮大會，不是光外的財富。佛在世的時候，講因地當中，他的妻子、他的兒女，全部都捨。這是究竟大菩薩，有來求者都能滿足，不令心有缺乏之感。佛成就光明福聚是這麼成就的，光明成就大福聚，是故得成此光明，這樣才得到福聚的光明。

「不令其心有所乏，是故得成此光明，又放光明名具智，此光能覺一切衆。」

這是世間物質，還有法呢！說一法就具足一切法。於一法的一念中，能夠了解這一法的涵義，無量法門具足於一法門中。我們每天是念念不斷的，但是我們這個念沒有智慧，不能使一切衆生都能覺悟。在每一法、每一念，一念之中就具足無量念，一法門具足無量法門，一念中具足無量的念。

就像我們的思惟，你想念《彌陀經》，或者想到《華嚴經》，那就包含的廣了！或者想到生、老、病、死，就一個生的法門，在這一念中，一切法生、一切法滅，一切法就包括太多了。在這一法能說無量法，這就是佛的圓音，「圓音一音演說法，衆生隨類各得解」，各取所需。

我們說一法，說生、住、異、滅，這個法生起了又住，住而後又經過長時間的變換，異就是變異，變異後就滅了、消失了。這是一法生，無量法都如是，生、住、異、滅，成、住、壞、空，每一法都具足。生是生起的意思，你看著一個事物都是一法，這個事物生起了，也曉得它一定變滅，有生必有滅，從生到滅到消失的時候，中間經過多少過程？具足無量。每個人回想自己，從生下來成長，小時候父母撫育，長大了，各隨自己的志願去發展，從小時候的生，到你的死，這一法具足了無量無量。

在一生之中，你作這個事，這個事又含藏著無量。好比現在大家出家、聞法，這法門是無量。你說人生，說一個物質，隨便說一個物質，都經過很多過程。就說我們這個桌子，有木材、人工，還加點膠漆，裡面具足無量法。運氣好把它作爲供桌，或者作爲講經的法桌！如果運氣不好擺到廁所，那就麻煩了，一天到晚就聞臭味，假使它是個人也如是。

我說這個是引導大家修觀！觀是思惟，這樣思惟，一法之中具足無量。一法一念，能夠具足無量諸法門。我們講的是十信滿心的初住，這是一法。你念念的住心，住在菩提心，菩提心的涵義非常廣，具足無量的法門，這一法怎麼來的？前面有十信，一修就修到這個。再談將來的結果，那就多了，十住、十行、十迴向、十地，乃至等妙二覺、十通、十忍，佛的無量性功德，所以一念中具足無量法。這是開闊的說。你舉任何法，不是要打妄想？說：「我妄想很多。」「好了，你打吧。」從發心出家一直到想成佛，這裡你想去吧！你打去吧！天天打妄想成佛，天天打妄想度衆生，妄想會變成眞實的！所以說，一法具足無量法。

「爲諸衆生分別法，及以決了眞實義，善說法義無虧減，是故得成此光明。」這些法所含的眞實道理就是一個，無不還歸此法界。說多了是很多，說少了就是一個，最後連一也沒有。所以這些分別法，在決定的眞實義來說，在凡，不虧不減，在聖，不增不盈。這叫成就光明福聚，「是故得成此光明」，圓滿福聚的光明。

「又放光明名慧燈，此光能覺一切衆，令知衆生性空寂，一切諸法無所有。」這個光明叫什麼呢？慧燈。比如一盞明燈，照亮著大千世界，什麼燈？智慧燈。使一切大衆都能覺了、都能明白，這個燈的名字叫慧燈。慧燈怎麼點著的？怎麼有的？

這個光明是性空寂，性體上所放的光明，光明所攝，攝一切諸法。一攝一照，知道光空寂，一切諸法都是空寂的，沒有自性，光照一切諸法無所有。

當我們在黑暗中迷惑了，明明有六趣，天人、阿脩羅、地獄、鬼、畜生；但是，迴入空寂、回歸自己法性，一切法沒有，如夢幻泡影。當我們六根動的時候，眼睛要看、身體要動、耳朵要聽聲音、思想要思惟。這一思惟，歸了性空寂，一切無所有。演說一切法的時候，無我。「我」是主宰義，什麼你也做不了主，就像火燄似的，就像水中月亮似的，這是比方說。又像夢中影子似的，照相的影子不起任何作用，但是你能回憶，使你能思惟，知道它是假的，但是在假的當中，生起喜怒悲哀。如果參加過戰爭，當你看見戰爭的錄影，能使你回憶；看見結婚照，想到結婚的時候，高興的不得了，都是假的。總而言之，一切諸法如夢幻泡影。這個光明是怎麼呢？觀一切法空，所以才叫慧燈，這是形容智慧燈。

「又放光名法自在」，又有一種光明叫法自在，法就是形式，種種樣樣的，有一法，決定起個名字，名字是假名，這個光的名字就叫法自在！在一切法上不為相所轉，在性體上得以悟入、自在。怎麼自在的？觀照自在，用智慧燈觀照。「觀自在菩薩行深般若波羅蜜多時，照見五蘊皆空」，這就是慧燈，慧照的，這樣於一切法才能自在。

「此光能覺一切衆，令得無盡陀羅尼」，這個光明能使大家都覺悟，得了什麼覺悟？得了陀羅尼。「陀羅尼」是什麼？總持。知道一切法，把一切法所含的道理顯示出來，這叫「陀羅尼」，又叫三昧，又叫自在。因爲佛所說的印度原話，「陀羅尼」，在我們這邊，總的涵義是「總一切法、持無量義」，所以能夠悉持一切諸佛法。「持」是任持，手裡拿個東西不讓它失掉。它能任持自性，自性就是自己本來具足性體的法性。

「恭敬供養持法者，給侍守護諸賢聖」，供養受持法者，恭敬供養誰呢？誰受持就是誰，這就是智慧燈。你入了理，明白性體，以一慧入二空。一慧，就是慧燈，生死是空的，諸法是空的，人我是空的，法我也是空的。

「又放光明名能捨，此光覺悟慳衆生，令知財寶悉非常，恆樂惠施心無著」，放的光明叫什麼光明呢？能捨。經上有些字要從義上去解，因爲翻譯的人圖於簡略，「舍」是房舍的舍，應該有個提手，慈悲喜捨的「捨」。光明就是捨，捨的涵義就是布施，叫惠施也可以，或者以財物或者以法。這個光明使一切慳貪不捨的衆生，讓他覺悟。覺悟什麼呢？覺悟世間的財寶非眞實，不是常的，是無常的。

我聽人家給我講故事。老和尙陞座，先拿著如意。爲了爭一個如意，死了好幾十個和尙，這是法寶，如意是和尙的東西。大家看到拿著拂塵吧？道家經常拿著拂塵，或者我們和尙也拿拂塵，有時候還表現一下的。和尙陞座了，十八侍者或者三十六個侍者，這個捧如意，那個捧香盤，那個拿拂塵，什麼家當都擺出來。像虛雲老和尚陞座的時候，有時候半朝鑾駕都擺上了。

「半朝鑾駕」，怎麼叫半朝鑾駕？皇上一出動，什麼軍褂、玉虎、朝天凳，幾十個東西。虛雲老和尚沒有全套，只有半套，就在他方丈前頭擱著，我小時候看過，這叫「半朝鑾駕」。哪來的半朝鑾駕呢？西太后跟光緒皇帝，八國聯軍進北京，逃跑時候往西安去的，老和尚正在北京請藏經，也跟著一塊走。聽說有這麼個老和尚一路跟著，西太后、光緒皇帝就皈依他了。

等回朝之後，再回去作方丈，本來他是來請藏經的，就送他一部藏經、半朝鑾駕共十八件，在他方丈前頭插著，我去了還看到「半朝鑾駕」。陞座的時候得要擺，這十八件得要十八個和尚拿著，端個香盤、拿個拂塵、拿個如意。這也是財寶，但不是一般的人能夠擺個半朝鑾駕，那是犯法的，要殺你腦殼的。

世間的財寶都是無常的，「令知財寶悉非常」，絕對不是常的。像出家人有什麼財寶嗎？這不是說財寶，而是說你那個慳吝心，不肯捨。說的很容易，作起來、捨起來就很難了。一切無執著，常樂惠施，爲什麼要加個「惠」？這個「惠」不是恩惠的惠，給人家施捨的時候，往往捨了還求還報，好多人捨的不乾淨，幫助別人心裡還有個希望，這個人前途無限、將來可能發財、可能有大勢力，將來可以求他幫助，這樣的捨是不清淨的。希望後報，這不是惠施，這叫有執著，惠施是無所求的。

「慳心難調而能調，解財如夢如浮雲」，慳吝心，慳就是慳貪的慳，一個豎心加堅固的堅。「慳心難調」，很不好調。爲什麼說堅固不放？抓住不放的意思。但是世間的財寶，爲一件寶物傾家蕩產，或者一件財物，值得嗎？不值。把它看破了，但是你得有智慧，需要光明能捨，以下的光明都能捨了，這個能捨，讓你捨身命，這叫外施；還有內施，身命能捨，捨己救人。我們講小說，看小說，人跟人之間講義氣，爲了救度別人，自己可以下地獄，可以坐監獄，這是菩薩。但是，社會上的人沒有這個觀念，而是講義氣。

大家看小說，看唐朝的秦叔寶，講義氣，爲了救李淵，爲朋友兩肋插刀。這個跟佛教不是一個路子，捨是對的，但是捨裡頭還含著名、利、愛、憎、毀、譽，這個心還是慳貪，還沒有調伏好。應當把一切財物、一切事物看成浮雲一樣的，捨的時候要清淨心捨，才能得到能捨的光明。我們這是講法，在法上講施捨，你應當怎麼樣施捨？要清淨心，不僅世間的財寶要捨，出世間的法財更不要吝惜，這叫惠施，所以才能成就捨的光明。

又放光明名除熱　此光能覺毀禁者
普使受持清淨戒　發心願證無師道

「熱」是熱惱，我們夏天的熱惱，炎熱的熱惱。但是你煩惱熱的熱惱，因爲煩惱熱的熱惱，毀破淨戒，佛所禁止的、不許你做的，你都毀壞了！這個光明能使你覺悟，說這些事作不得，使一切都能持清淨戒。清淨戒可不是一條一條條文，心淨則一切法淨，心垢則一切法垢！「受持淨戒」，是從心，不是相。戒就是師，「發心願證無師道」，無我無人無眾生，回歸自己本性的法性。

勸引眾生受持戒　十善業道悉清淨
又令發向菩提心　是故得成此光明

那就是「諸惡莫作，眾善奉行」，這樣還不夠。「又令發向（大）菩提心」，令他發一個向菩提心，就是覺心，覺悟的覺。「是故得成此光明」，什麼光明呢？「除熱」。

又放光明名忍嚴　此光覺悟瞋恚者
令彼除瞋離我慢　常樂忍辱柔和法

這是修忍辱戒，嚴持忍辱，不要發脾氣。瞋恚，恚是恚惱，以瞋恨心惱害別人。別人來惱害我，以菩提心回敬他，不跟他鬥瞋恨。「我慢」有好幾種，自己地位高，世智辨聰比別人強，做什麼事比人家俐落，自覺了不起，自己認為自己了不起，這個就叫我慢。為什麼加個「慢」字？自己認為自己了不起，實際上自己並不比人家強。我們經常用四個字，「貢高我慢」。就像供佛一樣，把自己擡得很高，實際上自己沒有這種本事。「我」，本來是說我執、我見的我，當然不只佛法說的。總認爲自己了不起，一個人的能力是有限的，這是一種慢。

忍辱柔和，這非常難，世間上說，因這個而死亡的人太多了。小者是個人與個人，大者或者一個家庭一個公司，再大者說一個國家跟一個國家。在戰爭上講，知己知彼百戰百勝，知道自己也知道人家，打不贏人家，你不要打，忍一下就算了，等你有力量的時候再報復。這在佛教上是不可以的，再有力量也不要報復，要多積功德。古德常言：「唾面任自乾」，人家吐我幾口唾沫，算了，等它自己乾吧！我也省氣力，他也沒煩惱。這是和尚，在家人可不行，在家人說你這個人沒人格，受人欺負，要報復。衆生互相鬥瞋恨，看誰瞋恨重，這不是忍。

佛教講忍，「忍」字是人家在我們心口上插把刀，刃是刀，而且還要能忍。爲什麼呢？爲修道故。覺悟瞋恚是傷害菩提道，這是一種忍。還有一種忍，這就難了，這不是世間法。當自己成道，能夠忍，不能說我成道，這些都沒成道！慢心若生，說我比他們強，這糟糕了，道就失掉了，忍到什麼程度？忍到成佛，成了佛一看，衆生皆有佛性，跟佛無二無別。這樣的忍，從法性、從法界性上平等平等，離開貢高我慢，常時忍辱柔和才能修道業。這個忍還有一個，深入的法忍。我們經常說法忍，無生法忍，覺悟一切諸法無生，無生故無滅，這叫忍，忍是「忍可」。覺悟了，一切諸法無生無滅，無衆生無佛，佛跟衆生平等平等。

衆生暴惡難可忍　為菩提故心不動
常樂稱揚忍功德　是故得成此光明

衆生無緣無故的欺凌，強凌弱、衆暴寡，想種種方法害修道者，都能忍，「爲菩提故心不動」。爲了破壞別人的名譽，佛在世時有一比丘，他檢舉某某比丘，說這位比丘做了不淨行！大家要他舉證據，他說某天看見某位比丘行道，看見雞互交，他用雞形容這位比丘，說他破了戒。佛在世的時候有很多故事，大家學戒可能學得到的，特別是《十誦廣律》裡。陷害別人，不是本人作的，拿另外一個事情說這位比丘，這位比丘根本沒有作，說比丘破了根本戒。拿雞或者拿畜生，把那個當成比丘的事，這跟事實不相符合，這叫誣陷、誣告。像這類事沒誰證明，比丘也忍受，忍才能成就這個光明。忍辱的故事特多了，叫非理相加。如果是你惹的麻煩，或者讓人打你、讓人罵你、讓人侮辱你，或者你對人家傷害，人家當然侮辱你，這個不叫忍。忍是根本不相干的，非理相加叫忍。

「衆生暴惡難可忍，爲菩提故心不動」，爲了成就道業，要看一切諸法如夢幻泡影，在法上忍。經常向人稱讚忍的功德無量，三十二相是忍來的，一切諸佛的境界相是從忍上得的，無生法忍，忍可。一切諸法無生，怎麼叫無生法忍？忍可一切諸法無生，無生故無滅。

又放光明名勇猛　此光覺悟懶惰者
令彼常於三寶中　恭敬供養無疲厭

又者，所放的光明叫勇猛，這個光明名字叫勇猛。社會上跟人打架、有氣力叫勇猛，那不叫勇猛。怎麼才是勇猛？不懶惰，修道精勤不懈，勇是無有恐懼，勇往直前叫猛。不懶惰，覺悟了！懶惰，道業修不成。我們都懶惰，可能我比你們還懶惰，這不是說懶惰的行爲，而是懶惰的心。

例如說昨天不上課，心裡就放鬆了，多睡點覺吧！這是個人的事，我拿來作例子，說明懶惰。夜間兩點多鐘起床，兩點半漱洗，從三點鐘誦到六點多鐘就誦完了。如果這個時間內沒誦完，白天誦，那麻煩了，一會兒這又有點事，一會兒那又有點事，這一拖，起碼這一天都在作這個功課。我受懶惰的害不少。比如今天有點頭痛，小感冒，我的小感冒都把它克服過去，也不要吃藥，一吃藥麻煩了。爲什麼？藥是攻這一經損那一經，我們這經脈，吃藥是不錯，腦殼痛吃藥，腦殼治好了！腦子好了傷了肚子，肚子痛了，它會引出很多病來。怎麼樣呢？克服，克服就耐過去了。今天事今天了，若等到明天，明天還有明天的事，那就拖到後天了。

例如誦〈普門品〉，或者誦〈普賢行願品〉，拖拖的不誦了，久了就忘了，我們好多道友的功課是這麼斷的。例如拜懺，本來是天天拜《占察懺》，後來因爲傷口痛，一痛就不拜了，不拜就不拜了，不拜了就一直斷。那個痛能克服的，勇猛就克服過去。有時自己還給自己解圍，「哎，算了，八九十歲了，這麼老的人，算了！」自己原諒自己，這是什麼？拿老作藉口。你們沒我老，你們也有藉口的，沒關係，今年不幹我還有明年，明年不幹還有後年，反正我二三十歲怕什麼，哎，等著慢慢修吧！修道不是一天成的。這是懶惰的現相，總是找藉口，幹什麼呢？懶惰。這還能成道嗎？不能成道，成道靠勇猛。本來就有很多魔障，修道的時候很多障礙，自己跟魔障結合到一起，這個法門就修不成了。

我們現在的學院也要考試，我們那時住佛學院不考試，靠自己用功，沒有考試。考試也好，不考試也好，本來學佛經、聽講經，道理是什麼呢？說我們不會作，學著去作。目的是什麼呢？就是讓我們去修。我們不知道我們經常發脾氣，你們發脾氣是屬於我慢、屬於瞋恚，那對你相當不利，要下地獄啊！懂得了，不敢懈怠。所以，懈怠、懶惰是障道的最大因緣。爲什麼？我們一拖一劫、兩劫、無量劫，越拖時間越長，就成不了道。爲什麼？懈怠，就勇猛不起來。

若彼常於三寶中　恭敬供養無疲厭
則能超出四魔境　速成無上佛菩提

勸化眾生令進策　常勤供養於三寶
法欲滅時專守護　是故得成此光明

你在佛法僧三寶當中，恭敬三寶、供養三寶，不能生疲勞想，不能生厭倦想！如果一生厭倦、一生疲勞，可能會罷道，越來越退，越來越退。你不精進，懶惰是會增長的，越來越懶惰，懶惰到變成豬。變成豬了，什麼也不動，光是吃。但是你要挨一刀，挨完刀還得下地獄，不是挨完一刀就了事。下地獄你還要報復！誰殺你了你要瞋恨、要報復，沒完沒了，三惡道怎麼出去？出不去。爲什麼？生了疲厭，疲厭就是懶惰的表現。要精進，經常警策自己！生老病死，這四種本身就是魔，要超出去，才能夠成就無上菩提，不斷生老病死，你能夠證得無上菩提嗎？所以勸化一切眾生精勤勇猛，要常時策勵自己，鞭策自己。

在家讀書要精進，過去的古人是頭懸樑、錐刺骨！那時候他們都留長頭髮，把頭髮拴到房樑上，讀書打瞌睡，一低頭，一動又醒了，這是一個。或者擺個錐子，錐刺骨，一瞌睡、一懈怠，拿起錐子扎下去，一痛就精進了、就醒了，這是古人給我們作的榜樣。

大家知道戰國時候的蘇秦，蘇秦到各國去遊說，因爲他那個道理說得不夠深刻，因此不接受他。他一回家，太太不認他是丈夫，父母不認他是兒子，嫂子也不給他作飯，「嫂不為炊」，妻子不理他。這下他刺激很大，頭懸樑就是指他把頭髮綁到房樑上，好好讀書！讀通之後他再出來，做了六國的宰相，那時戰國有七國，他做六國的宰相，跟秦朝作對。這回掛六國的宰相印回家，他父母都出來，老婆到三十里地去迎接他，全民都出動了。一個富，一個貴，一個精進，一個懈怠。

這是世間法，名利得到又怎麼樣？還會失掉！但是我們這個可不同，這叫了生死。古時候，讀書家裡窮沒燈，晚上逮些螢火蟲，螢火蟲不是有個小光亮嗎？晚上把牠擱在小瓶裡，拿來看書。自己家裡窮，牆上打個洞，借人家的光來看書。過去的古人，精勤修道是讀世間法，他是為名利，我們這是了生死，完全不一樣。因此不能懈怠、要精進！供養三寶不要疲倦，勸一切眾生精勤精進，常時勤供養三寶。

在末法的時候，法將要滅，要守護正法，護法心，有沒有信心？有信心，守護正法，法要滅時了，寧捨生命。你的生命捨了，那就不是你的事，但是你守法的心，不會失掉性命的，龍天會護持你的，能得到這種光明。什麼呢？精勤勇猛。

又放光明名寂靜　此光能覺亂意者
令其遠離貪恚癡　心不動搖而正定

寂靜光明，是心裡定下來，不胡思亂想，亂就是心不定。你看看我們那不定的心，心不定者沒事找事，一天總是事，這是一種外相。內相呢？你看他坐那兒好像在修行，心裡不曉得跑到哪裡了！「寂靜」的意思是寂靜護法。「寂靜」本身就是法，習定得有靜。有時是動中靜，那種功夫不是初出家學個十年、八年就得到的，你能在動中的時候，心裡常時清淨。所謂靜者是不離開佛法僧三寶，把你的心定在佛法僧三寶上。同時，心剛一亂、胡思亂想時，自己跟自己打招呼：「別胡思亂想！」胡思亂想是沒有用處的。自己用一用，或者在念經、修行，或者想念什麼經，心裡起個別的念頭，自己跟自己打招呼：「不要胡思亂想！我現在是讀誦大乘！」說這麼幾句，說這麼幾回，遇著自己胡思亂想，馬上就制止、收回來，能定得住。最初效果不大，常了可就大了，一昏沈你馬上警覺：不要昏沈！「咄咄胡爲睡，螺螄蚌蛤類，一睡一千年，不聞佛名字」，這是佛對阿那律尊者呵斥的。佛一呵斥，他就慚愧了，晝夜不睡、精進修行，把兩個眼睛熬瞎了，這一熬瞎他證得阿羅漢果，不用肉眼用天眼，更通達了。

應當常時寂靜，覺得散亂的時候，就把它收回來。這兩種方法大家可以試驗，散亂的時候自己跟自己說，昏沈的時候也跟自己說，昏沈時說的話要大聲一點，聲音小了你警覺不過來，自己警覺自己。聽來好像是笑話，別人當你是瘋子看，如果你在這兒坐著，突然間大喊：「別散亂！別散亂！」人家不認爲你瘋了才怪！但是不管人家說什麼，經過幾次這樣做，就眞的不散亂了。昏沈的時候自己喊嗓子，用不著錐子扎，錐子扎太傷感了，就是自己喊自己兩聲，一回昏沈喊，兩回昏沈喊，就不昏沈了。

修道的時候，自己得想方法，不是盡靠佛說的，佛說的你用不上，自己想的方法自己用得上。昏沈也是的，病苦或者是太痛苦了，就不要動了，你心裡想，觀照這個痛苦，痛苦怎麼來的？想痛苦怎麼來的？當你思想一找原因，就把痛苦忘了，這就是「有覺覺痛，無痛痛覺」，你把心力太注重在它上面，才覺得痛，越注重越痛。你覺吧！你把它放下了，根本不管它。找哪兒是痛，為什麼要痛？另外想一個問題，就把這個問題解決了，痛也輕一點。「令其遠離貪恚癡，心不動搖而正定」，這是修寂靜法。

捨離一切惡知識　無義談說雜染行
讚歎禪定阿蘭若　是故得成此光明

不寂靜的時候，聊天、擺龍門陣，就是閒談。我到過好多精舍，無論從美國到臺灣、到大陸各個省，好多居士聚集的佛學社。我第一個警告他們，到佛堂來幹什麼？特別是五、六十歲老太太，聚到一塊堆，不是女兒不聽話、媳婦沒辦法、家庭不好，盡談世俗事情，平常沒地方說，這下子可來了，這些老太太聚到一塊堆兒，把念佛忘了，這是佛堂。

我到那裡先告訴她們，佛堂裡頭不許擺家常，不許談家裡的事，你到佛堂來是求念佛、聽經，把家裡事帶到這裡頭來說什麼！這是不寂靜的表現，能使你的心亂；所談的完全是貪瞋癡，絕談不到戒定慧。怎麼入定？沒辦法，你怎麼念佛？念不了佛。她還跟我說：「師父，我們就是想聚會、大家聊天，我們不念佛。」我回說：「妳們要聊天，外頭找一間茶館，到那裡妳們可以聚會，何必到我們這來？我們這是念佛的，是修道的，妳們自己不修行，把我們也給攪亂了，妳們去吧！」

爲什麼有的地方寫止語？進到這裡來不要說話。但是這不是辦法，這是啞羊僧，羊子不說話，僧人這樣子就跟啞巴一樣！禁語牌掛不得，那是違佛制，只要不要亂說家常話就好了，念阿彌陀佛就念阿彌陀佛。這個寂靜光明就是光，使你覺悟，不要亂想、亂意。因爲你一說，這個亂意、亂想就是貪瞋癡，你入不了正定。要心不動搖、專注一境，念佛就是念佛，聽經就是聽經，拜懺就是拜懺，要專注一境，心不動搖，這得入正定。但是一定要遠離惡知識，捨離一切惡知識，惡知識能把你引誘到貪瞋癡，不會引你到戒定慧，談說的就是雜染行，都是染污的事。

在寂靜處修禪定，禪者就是極簡單，沒有語言！簡單的啓示，簡單的觀念，才能成就寂靜光明，不然寂靜光明怎麼成就？

又放光明名慧嚴　此光覺悟愚迷者
令其證諦解緣起　諸根智慧悉通達

這個深入了，喻智慧，以這個光覺悟那個愚迷，愚思的迷惑。證得一切諸法都是緣起的，也就是性空的。證得性空，悟得一切法都是緣起的，緣起的無自性，無自性回歸自己體性，這時候眼耳鼻舌身意六根一境，變成智慧了。

若能證諦解緣起　諸根智慧悉通達
則得日燈三昧法　智慧光明成佛果
國財及己皆能捨　為菩提故求正法
聞已專勤為眾說　是故得成此光明

在修光明法當中，如果發的是二乘心，那與大乘不相合，必須得發大心！大心者是策勵萬行，利益一切衆生，以智慧爲根本；沒有智慧你想守清淨戒，辦不到！你要保持清淨戒不犯，必須得有智慧，破戒的絕不是有智慧者。必須得有菩提大心，導向你生成佛的菩提正果，不修人天乘，不修二乘法。策勵萬行，慧爲上首，若想修智慧，萬行齊修，若發大菩提心，貪瞋癡都能斷。若能理解聖諦的緣起法，證得聖諦，使六根變成智慧！一根入，一切根都能清淨，都能變成智慧，都能通達，能得到日燈三昧法。

就像太陽、像燈似的光明照耀，得到光明的三昧。以智慧的光明才能成就佛的果德，才能證得佛果，這是法財。世間的國財要捨了，人世間的財富不常的、不可靠的，把它捨掉。什麼是正的呢？菩提，爲求菩提的果位，成就究竟的佛果。一切財富叫外施，布施自己的身體就叫內施，內外皆能施，清淨捨。爲什麼這樣做？爲了成佛，達到成就大菩提，要求正法。不但自己這樣做，聽到了要專心志意，精勤不懈，做什麼？給大衆說。「若不說法利衆生，畢竟無有報恩者」，再加上一句，「畢竟無有成道者」。是故成就此光明，這個光明是靠六度四攝成就的，這是發大心。如果發二乘心的不成就，因爲破了戒，破了什麼戒？二乘是破了菩提心戒，不發菩提心，他不去給衆生說，光爲自己修，成就不了這個光明。以下講佛慧光明。

又放光明名佛慧　此光覺悟諸含識
令見無量無邊佛　各各坐寶蓮華上
讚佛威德及解脫　說佛自在無有量
顯示佛力及神通　是故得成此光明

一共有七光，這七光當中現在說的是佛光，佛光是表慈悲的。以佛的光明智慧，照耀一切含識。佛者是覺的意思，讓一切有識的衆生都能覺悟，「含識」就是一切有識的。這個「識」不當「知識」講，這個「識」是我們所具足的眼、耳、鼻、舌、身、意的六識、七識、八識，八種識。見光了是眼見，眼見光明就是得佛的加持力，爲什麼單說這個見？因爲他能夠顯示佛，能理解到佛，能夠看見無量諸佛都坐在寶蓮華上。見佛了就讚歎佛，讚歎佛的什麼？威德、解脫。

佛度衆生的力量是無有邊無有量的，不可思量的，自在不受什麼干擾，不受什麼障礙。我們若是想做一件事，想讓一切衆生、希望一切衆生都成佛，光希望不行，希望得變成事實，讓一切衆生都能明了。我們沒有這個智慧，佛有。我們就假佛的威德智慧，幫助一切衆生解脫，在佛度一切衆生時是自在的、無礙的。爲什麼我們見不到？這不是佛的過錯，而是我們的過患。

我們因爲剛信佛，或者時間也很短，業障還沒有消失，這個時候關於佛的自在威神力量，我們還沒有體會到。佛既然有這麼大神通、這麼大威力，爲什麼我們還不得度呢？以佛的智慧能夠消除一切衆生的業障！這形容的是事，讓我們觀想自己的理佛，我們所見的是事佛，不是理佛，要觀想我們自己的心佛，要理跟事無礙才能得度。賢首菩薩所教導的一切，都是讓我們觀心。文殊菩薩在〈淨行品〉叫我們去作事，一舉一動、生活上的習慣，那是隨順世間，那是事。賢首菩薩教導我們，理跟事必須得結合，事是顯理的，如果照著〈淨行品〉那麼作，我們自己的心、理智就能表現出來。

我們依著賢首菩薩所教導我們的去觀想，完全是觀力，所見到的就是佛的事佛，用我們心裡的觀照，觀照就是理佛，理跟事若能夠結合起來，才能見佛。這個見是指著心，不是眼睛，所見的都是心佛。心覺悟了、明白了，先明白自己的體性，明白自己的理，來見外在的佛。我們現在在事中，所見的佛是事相，事相不是眞實的，由事相引發自心的心佛！叫我們拜佛時觀想佛，就是這個涵義。因事而引證我們自己的理，因外面的佛像，引證我們自己的心佛。如果這個觀想沒有呢？我們達不到初住菩薩，這是還沒有發菩提心，或者發的不眞實。因爲心裡不眞實，所遇到的事委委曲曲，我們想見佛，見不到佛，若能見到佛，業障就消了，見不到佛就是業障還存在，我們的覺性還不夠。有佛的光明，就叫佛的智慧，這個智慧是能讓一切眾生覺悟的。有了這種智慧，能見著無邊的佛。賢首菩薩所說的偈頌，讓我們眞正從事而達入理。

又放光明名無畏　此光照觸恐怖者
非人所持諸毒害　一切皆令疾除滅

無畏光明！光明的名字叫無畏，無畏是離開恐怖。我們有時候或者見著恐怖相，有了光明，恐怖相不現，黑暗中才現恐怖相！因爲我們心裡黑暗，見不到無畏的光明，所以有很多恐怖。「恐怖」說起來太多了，不是看見魔鬼、看見什麼，而是你所作的事不能得到成就，患得患失，想得到得不到，得到了又怕失掉。若是以這種無畏的光明照到身上，有了智慧，那你一切無罣礙、無恐怖了。

恐怖是從罣礙裡產生的，心裡有障礙，外頭有恐怖，心裡沒障礙，就沒有恐怖了。不管天人、阿脩羅、餓鬼、鬼道、大力鬼神、有勢力的鬼神，他們不能毒害你，傷害不到你。假佛無畏的光明，使一切的病苦、急難、災害都能除滅了。

能於眾生施無畏　遇有惱害皆勸止
拯濟厄難孤窮者　以是得成此光明

遇到惱害你的、傷害你的，都能止住。「拯濟厄難孤窮者，以是得成此光明」，這是總說。也就是拔你的苦，使你沒有厄難的恐懼，沒有厄難的怖畏。

又放光明名安隱　此光能照疾病者
令除一切諸苦痛　悉得正定三昧樂
施以良藥救眾患　妙寶延命香塗體
酥油乳蜜充飲食　以是得成此光明

這個光明是專破疾病的痛苦。有疾病的痛苦就不安穩，這個安穩的光明是專指著能照有疾病者。因為我們身上的病苦很多，佛說四百四病，都是肉體上的，心裡上的不止此數，你心裡的煩惱不曉得有好多。怎麼樣對待病苦？靠觀照的功夫。

前面講忍，特別是在病的苦難當中，你應當忍受病苦的業障。能忍受跟不能忍受，這兩者有點區別！能忍受的，這病在他身上，不在心上，心裡不過於重視這個病苦。或者我經常說，不幫病的忙，病的苦難就輕一點。越喊痛苦，你越觀照它，他也不能得消除。若能遇著這個，修成這種光明，這光明就說智慧，有了觀照的功夫。

你經常觀，「有覺覺痛，無痛痛覺」，病苦是使你感覺到的，不過在這病苦當中，你一入定，病就消失了，不是消失了，而是心裡不注意，把病苦當成是良藥，病的本身是良藥！有的痛苦，例如貪戀、瞋恨、愚癡三毒，在病苦當中，你的三毒就輕了。因爲你全部力量都注重在病苦！那時候也不想升官發財、談戀愛，都辦不到了。所以病苦在這方面來說，又是良藥。因爲這樣能夠得到正定，得到三昧，拿正定、拿三昧當藥能治病，但是這種說法我們用不上。

當你有病的時候，多觀照，不要因爲病而把思想造成很多的混亂，修道者發心想脫離苦海，病苦是八苦之中最重要的。在你正受的時候，生苦過去了，我們雖然知覺，再回憶卻想不出來生苦的苦難；老苦呢？你現在還沒有老，體會不到老的苦。病，你們人人都害病，乃至於說很簡單的，腦殼痛、肚子痛，若是有功力、有修行的人，你觀病苦的來源，它是緣起的。爲什麼來的病？這個觀照力本身就是藥，一個照、一個定，兩個都是藥。一觀照，雖然沒完全解除了，病也除了一半。平常功力不夠，在你正病的時候，觀照的效果不大，那時光忙病苦，你觀照就不現前，照不住了，功力深的照得住。特別是發高燒，燒的你糊裡糊塗，燒的時候自己做不了主，若害病了，朋友、親友或者父母、六親眷屬，都來照顧你，又哭又鬧的，那個就不行了，幫助病並不幫你治療病，這個你就傳染病了，傳染來看你的人，都不得安。如果你能忍受，病苦是受苦，這苦你能忍受，你找病的原因，找著原因了，假世間的藥去治療，以世間的藥作引子，精神、身體是最主要的藥，這是要起觀照的意思。

良藥呢？最好的藥不是世間的藥，是法！法的藥不但醫世間的病，亦醫你根本的病。這時候觀一切諸法如夢幻泡影，身體如夢幻泡影，病也如夢幻泡影，那個時候，對治病的力量大一些。人的功夫如何？平日修行如何？就在病苦當中看。同樣的一個病，那人死亡了，無所謂的。死了之後，那個苦就沒有了，病苦沒有了！死苦，死了之後了不苦了，已經死完了，那苦沒有了，恢復你原來的本體。這個死苦完了，該你受什麼，就到哪道去受生，就又到那道去受那個苦，苦是不斷的。

這個意思是說，怎樣救療一切病苦的眾生，讓他得到安穩。賢首菩薩所說的光明智慧是能夠照疾病，一照就把疾病、苦難脫離了，剛才講的這個就是光明的道理，就是智慧，必須得這樣觀照。

又放光明名見佛　此光覺悟將歿者

令隨憶念見如來　命終得生其淨國
見有臨終勸念佛　又示尊像令瞻敬
俾於佛所深歸仰　是故得成此光明

病苦沒治好，死苦就來了！病苦解脫了，用死苦來代替病苦，這是佛救度衆生，這個光明叫什麼？叫見佛。我們天天念佛，念佛的光明，感到你死的時候，就往生到極樂世界，佛來接引你。命終得生淨佛國土，怎麼來的呢？憶念見如來。因爲你天天、時時的憶念佛，臨命終時，佛就來接引你，你就能見著佛。當你念佛的時候，就是覺悟的時候。一念念佛，一念覺悟，念念覺悟，念到命終，親見如來。覺悟了才能得生佛淨土，佛放光接引，這個光明就叫見佛。

光明是沒有名詞的，這些光明隨你思念，隨你修什麼法門，就見什麼法門。告訴臨命終者，或者你的親友，乃至你的自身，就是自己，經文上說，臨終勸念佛。臨終勸念佛，能遇到勸念佛已經來不及了，生前自己準備，就是隨時幫助別人，勸他念佛，而後給人送往生。在美國、加拿大，大家組織個念佛會、送終團。送終團的道友們，送別人之後，自身回來發高燒，嘴裡胡說八道，被妖魔纏上了，冤家路窄。人家不是找他的，因爲他幫助那個人解決問題，他是找那個要死的那個人，或者他去助念心裡不清淨，那鬼神有通的，就找上他。這說明你平時沒有用功，到時候你去助念，你的念力就不純，沒幫上別人的忙，自己帶來災害。

因此在臨終時勸別人念佛，能夠遇見這樣的情況，已經很有善緣。像我們四衆弟子，每天自己要念佛，等到別人幫助，力量已經很小。自己天天念、天天念，好比我們平常攢錢，就是爲了急時用。平常念佛的目的是爲了什麼？臨命終時。我們沒終，現在害病，如果你害病時勤念佛，心裡就安了，假佛的光明就安穩了。心裡安穩了，那時候念的佛，功力非常大，安安靜靜的念佛往生，就能生淨佛國土。功力在平時，臨終是用，臨終用上了，以念佛的力量能生到淨佛國土。沒生到淨佛國土，再生到娑婆世界，你也是發願利益衆生，沒得到阿彌陀佛來接引你，得到釋迦牟尼佛來加持你，一樣的。

在臨終的時候，這時候你所念的佛、念的經、念的咒，它會現前的！如果你生前功力猛利，到臨命終的時候，面一定向西，頂好在死者的面前，立一個立像，立的像也向西！有的作旛也是向西，讓他自己手拿著那個旛，拿著旛也是讓他向西！口裡稱著佛名，隨著佛就生極樂世界，這種就靠平日的功力。這四個偈頌是專門對治病苦、死苦這兩苦。多念佛、或者念法、或者念咒，以念佛爲主，這時候念經，他的心裡定不了，念佛號還可以。

又放光明名樂法　此光能覺一切衆

令於正法常欣樂　聽聞演說及書寫
法欲盡時能演說　令求法者意充滿
於法愛樂勤修行　是故得成此光明

這兩個偈頌的光明，是欣樂法樂，歡喜大乘的經教。這個光明是以法覺悟一切眾生，常欣樂大乘的法樂，或者聽聞、或者演說、或者書寫、抄寫經卷。特別是法欲盡時，演說者很少了，法存在世間不久了，這時候能讓求法者滿足，讓他們得到聞法，這叫法樂修行的光明。心裡頭意念經常想法，法就是佛所教化的，佛所教授我們的。法就是方法，我們要照這個方法去作，假使你不知道這個方法，永遠不會作。怎麼樣修行？怎麼樣成佛？這都依著法，法賴僧傳，特別是出家二眾。法靠誰傳？住持的三寶就是僧，僧要傳法的，令滿足一切求法者，讓他充足。依著法而能使他願意修行，修行的目的是離苦得樂，這個光明就叫樂。以什麼樂？以法樂，那你得樂求法，樂求法以生起歡樂，生起歡樂才能得救，得救了就一死永亡。

又放光明名妙音　此光開悟諸菩薩
能令三界所有聲　聞者皆是如來音
以大音聲稱讚佛　及施鈴鐸諸音樂

普使世間聞佛音　是故得成此光明

三界所有的聲音都變成法聲，我們到極樂世界，鳥叫喚的聲音、樹林子風吹的聲音、七寶池八功德水、七重行樹，出的都是佛音，讚歎佛的聲音。「鈴鐸」，「鈴」就是我們搖的鈴鐺；「鐸」就是我們殿堂四閣掛的那個，也是鈴，但不叫鈴，就叫「鐸」，每間廟的上頭都掛著。它放出一種聲音來，那種聲音都是演法。世間到處所有的音聲，都變成佛的聲音。光明之中就顯現，令一切衆生法喜，喜歡聽法，任何處境都生起愛樂法的聲音，一切音聲都變成佛法。

又放光名施甘露　此光開悟一切眾
令捨一切放逸行　具足修習諸功德
說有為法非安隱　無量苦惱悉充徧
恆樂稱揚寂滅樂　是故得成此光明

「施甘露」，甘露是不死的藥，我們把它說成是法音猶如甘露，說成水就是甘露水。法的音聲就叫甘露，甘露的光能開悟一切衆，令一切衆生聞到法音，得到甘露再不放逸了，放逸就是行爲不正當。所有的修行都是功德，功是你修的功力，德能入你的心，就是功德。

我們在世間生活，所有的有爲法，都不是安穩的。什麼法才是安穩？無爲。有爲法是充徧苦惱，安樂法是無爲的寂滅法，稱揚寂滅法，能成就施甘露，「是故得成此光明」。要除去放逸，放逸會禍亂你的身心，禍亂你的根身。若聞著甘露法就是不死的法，什麼法是不死？無爲法，佛所說的法都是無爲法。捨棄放逸，捨棄一切造業的根，眼耳鼻舌身意六根。說簡單一點，有爲法不是安穩的，世間的快樂、功名、富貴，這些都不是安穩法，這是有爲法，有爲法裡頭含著無量的苦惱，充徧於其中；寂樂法是寂滅安樂法，佛教授我們的寂靜，要從寂靜而發生智慧，防護諸惡。

又放光明名最勝　此光開悟一切眾
令於佛所普聽聞　戒定智慧增上法
常樂稱揚一切佛　勝戒勝定殊勝慧
如是為求無上道　是故得成此光明

什麼最勝？最勝光明叫最勝，戒、定、慧。這個光讓一切眾生得聞戒定慧之法，以光開悟一切衆，就是以戒定慧法，讓一切衆生明白，明白什麼呢？戒能防犯一切惡，使你不躁動、能定下來。定下來了就能增長你的智慧，啓發智慧。有了智慧，你對待一切問題就能趨吉避凶，離苦得樂，不沾染世間法。因此，「常樂稱揚一切佛」，得到勝戒、勝定、殊勝慧。稱揚一切佛，佛所演說的就是戒定慧三學，以此三學去求無上的道果，所以此光明叫最勝光明。

又放光明名寶嚴　此光能覺一切眾
令得寶藏無窮盡　以此供養諸如來
以諸種種上妙寶　奉施於佛及佛塔
亦令惠施諸貧乏　是故得成此光明

這光明叫寶嚴，以寶來嚴飾一切眾。寶者是生長快樂的，所以稱爲寶，解決人間痛苦，這是指法寶說的。人間寶物呢？解決你的貧窮困苦。一切寶的莊嚴具，用他來供養如來，這些都叫不思議的妙寶。以珍珠、瑪瑙、七珍這些妙寶，供養佛、供養塔，塔是代表佛的。一般形狀的塔，寺廟就叫塔，印度叫塔寺，塔即是寺，寺即是塔。供養一切諸寺廟，也就是供養諸塔，這是上供。還有下施，惠施給貧窮者、貧乏者，「是故得成此光明」，什麼光明呢？寶嚴光明。

又放光明名香嚴　此光能覺一切眾

令其聞者悅可意　決定當成佛功德
人天妙香以塗地　供養一切最勝王
亦以造塔及佛像　是故得成此光明

香，我們用的世間香，世間香有時拿泥作的，把它搓成香麵子，等乾了就是香。香泥，把各種的香搗碎成了泥，然後作成香。聞著這個香叫法香，什麼意思呢？聞法了就悟解了，聞香後，你的心裡非常安定，香稱為定，戒定眞香，唱偈子都這樣唱。香能生長義，使你的心裡能夠靜下來。

以這個香供養佛，以這個香來熏修自己，就用戒定眞香，這個香是眞的，爲什麼？使你得到眞實處。

又放光名雜莊嚴　寶幢旛蓋無央數
焚香散華奏眾樂　城邑內外皆充滿
本以微妙伎樂音　眾香妙華幢蓋等
種種莊嚴供養佛　是故得成此光明

「雜莊嚴」呢？香、華、燈、塗、果，有些華是雜的，不是專一的，各種雜華都變成妙香，或者衣服、幢旛、寶蓋；還有放一些焚香、散華，或者作音樂，拿這個來供養三寶。

這跟「雜莊嚴」是一樣的，裡頭加雜著表演技巧，演雜技團表演的。雜技團是給人看的，他在佛前演起來，供養佛的不收費。演奏各種音樂，還有諸香、還有幢、還有蓋。拿種種莊嚴具供養佛，「是故得成此光明」。

又放光明名嚴潔　令地平坦猶如掌
莊嚴佛塔及其處　是故得成此光明

莊嚴清潔，就是清淨的意思。莊嚴什麼？使大地平坦，像手掌一樣的光滑，沒有雜染、沒有泥穢。「莊嚴佛塔」，我們繞塔，在塔的四邊供香、供華，供什麼都可以，反正你認爲是尊敬的、是好的，都可以供養佛，這叫成就什麼呢？光明潔淨，成就這個光明。

又放光明名大雲　能起香雲雨香水
以水灑塔及庭院　是故得成此光明

這是說下雨，也就是說灑淨水，淨水都夾雜著香！我們有時候把香麵子、雜華放到水裡頭，再拿水灑浴佛堂、塔廟，成就大雲光明。

又放光明名嚴具　令躶形者得上服
嚴身妙物而為施　是故得成此光明

「躶形」是沒有衣服穿的，讓沒有衣服穿的，得到很好的衣服，天衣美妙的衣服，使他嚴身，妙香的衣服能夠得嚴具光明。

又放光明名上味　能令飢者獲美食
種種珍饌而為施　是故得成此光明

這光明叫什麼呢？美好。什麼美好呢？味道美好、飲食美好，把這個施於沒有飲食的眾生。「種種珍饌而爲施，是故得成此光明」，好香菜、供具，這是施給眾生的。這幾個偈頌是大悲的菩薩，看見眾生沒有衣服穿的，給他衣服；沒有飲食吃的，給他好飲食；沒有財富的，給他錢財。

又放光明名大財　令貧乏者獲寶藏
以無盡物施三寶　是故得成此光明

貧窮、匱乏、衣食不足的，「以無盡物施三寶，是故得成此光明」，「無盡物」，就是大施。大施就是無遮大會，印度常有的，不像我們供千僧齋，這是不夠的，只能算千僧，千僧多一百也得捨，這是形容無盡的意思。這都是大悲。這三個偈頌是大悲菩薩利益眾生的時候，以衣服、吃、飲食、財物供給他們，但是這只說明財富。這是光明，光明就是法的涵義，把世間的一切事物，轉成勝妙的佛法，菩薩行大悲行的時候如是作，這是住位菩薩，十住菩薩都要這樣作。

又放光名眼清淨　能令盲者見眾色
以燈施佛及佛塔　是故得成此光明

「眼清淨」，盲目者什麼也看不見，布施給他、醫治他，令他的眼疾能夠得痊愈。沒眼病的、不聾的、不瞎的，證明前生種善根。布施給一切眾生的光明，所以他的眼根永遠明利，永遠得見光明。

又放光名耳清淨　能令聾者悉善聽
鼓樂娛佛及佛塔　是故得成此光明

在佛塔演奏音樂，供養三寶，放悅耳之聲，美妙的音聲供養佛，就能得到耳根清淨。

又放光名鼻清淨　昔未聞香皆得聞
以香施佛及佛塔　是故得成此光明
又放光名舌清淨　能以美音稱讚佛
永除麤惡不善語　是故得成此光明

舌根清淨，是說讚美三寶的話，不說粗惡語。口業有四種，不妄言、不綺語、不兩舌、不惡口，這些過患都除了，所以舌根就清淨。

又放光名身清淨　諸根缺者令具足
以身禮佛及佛塔　是故得成此光明

身根清淨，沒有跛子、禿子，眼耳鼻舌身意六根都具足！身根清淨使你沒有缺陷，都具足。「以身禮佛及佛塔，是故得成此光明」，說你的身體常時拜佛、常時拜塔、乃至常時繞塔，這是身的禮佛、禮佛塔，身根得清淨，能得到這種光明。

又放光名意清淨　令失心者得正念

修行三昧悉自在　是故得成此光明

意根光明，你就不容易得心臟病，癲子、癡狂、瘋癲、瘋子，這些都是意根不清淨。意根清淨者，常時正念現前憶念三寶。「正念」是專指三寶說的，「修行三昧悉自在，是故得成此光明」，能得到意根清淨。

又放光名色清淨　令見難思諸佛色
以眾妙色莊嚴塔　是故得成此光明

清淨的色光明，是指能見到佛的色身清淨，那是眞正的清淨。色就是五顏六色，一切的色法。這個色，以前專指男女關係，在佛教則是非常廣泛的，紅黃藍白黑都叫色，光明跟黑暗也叫色。光明能見一切諸色，知道紅黃藍白黑，黑暗裡能看得見嗎？沒有了。你的見，見就是看問題的見，我們以前說的見，專指眼睛看見的見，這個見是廣泛的，見就是思惟的思想，你見一切問題，看一切事物的看法。本來是紅顏色的，但是你戴著黑眼鏡再看，不是紅的是黑的。你戴上有色眼鏡，那色就不清淨，眼睛所見的就渾濁。衆生的知見，看問題的看法！經常講正知正見，所謂正見者，看問題能見到它的性，離開它的相，見它的性。

例如我們跟人交往，別看這個人的外表，外表並不代表他的內心，要看他的心。

心，你看不見，你要看他的所作所爲。以他的行動，就知道他是有智慧者、是愚癡者，是這個見。我們經常在佛經上講見，我們通俗講見，是看見那個見，佛經不是這樣講，佛經一講見，大多是講知見，知見就是有智慧、沒智慧。

「以衆妙色莊嚴塔，是故得成此光明」，色相莊嚴！多供養塔廟，你把好東西、莊嚴具供養塔寺，就能成就放光名色清淨。

又放光名聲清淨　令知聲性本空寂
觀聲緣起如谷響　是故得成此光明

音聲的本性是空寂的，六根大概可以這樣解釋。有兩方面，一個是形聲色相，一個是寂靜無爲，六根都如是。寂靜無爲的意思是本性空寂，色相也好、聲音也好，香味觸法也好，一切法都如是，六根都如是。放光，放光本來是光，光就表聲了，放光的時候使名聲清淨，光的名字叫聲音清淨。聲音怎麼清淨呢？聲音的性體本來是空寂的，沒有聲音的！色也如是，本來是空寂、沒有色的。光的聲是怎麼來的？緣起的，跟物相擊而產生聲，能得到這個光明，認得它是緣起的，不是自性的，自性是空寂的。

又放光名香清淨　令諸臭穢悉香潔

香水洗塔菩提樹　是故得成此光明

鼻子是聞味辨性的，鼻子能聞到香臭。鼻子如果壞了，鼻根有病了就聞不到。「香水洗塔菩提樹」，以這個供養所得的報，能使他嗅覺非常的靈。但是這是六根分別說的，六根是互用的。

《楞嚴經》講六根清淨，觀世音菩薩從聞、從耳根，大勢至菩薩從憶念！各各菩薩的表現，所一門深入的都不同。這不是講色相，而是講內淨六根，得靠功力，外面的形相反映到你的根得報。供養佛供養三寶，一定得到還報，還報是什麼呢？就像你用香水洗塔，能得到嗅覺清淨。供佛像供塔廟都發願，這是一種，還看你自己願力是什麼？用香水洗菩提樹，在印度，佛成道的那棵菩提樹，有人灑香水，也有人倒汽油燒，這兩種報就不同了。香水灑樹的，能得到香清淨，這個光能放清淨光。以水洗塔得到的光明，叫清淨明，所以用香水洗塔或者洗菩提樹的，得了這個光明，就叫香清淨。

又放光名味清淨　能除一切味中毒
恆供佛僧及父母　是故得成此光明

味是舌根。以這個供養能除去飲食中的毒。因為過去生的供養，能夠除掉過去宿報的味中毒。清淨味還能中毒嗎？我們吃的味，有苦的、有辣的、有鹹的、有酸的，裡頭都有毒素，這叫味中的毒。味清淨能除去味中的毒，這個光叫味清淨光。「恆供佛僧及父母，是故得成此光明」，供養諸佛、供養一切僧、供養父母，供養什麼？殊妙的上味飲食，你所得到的光明叫味清淨光明。

又放光名觸清淨　能令惡觸皆柔輭
戈鋌劍戟從空雨　皆令變作妙華鬘

上來所說的六根，還有一個是觸。觸是接觸的意思，柔軟的、粗糙的。用打你的方式接觸你，你感覺很不舒服，會痛苦的。夏天很熱的時候，徐風清涼，你一接觸感覺很舒適。如果冬天，你在屋子裡頭很暖和，一出外頭風一吹，這也是接觸風，那是粗惡的，不是清涼。

「戈鋌劍戟從空雨」，寶劍砍在你身上能舒服嗎？戟刺到你身上能舒服嗎？一切武器傷身的時候，像從空中下雨一樣的，都變成妙華鬘，「皆令變作妙華鬘」。色聲香味觸法，你的六根接觸外頭的六塵，根接觸境，相互相攝的時候，這是不清淨的。

這六種光是表示六根清淨，內淨六根，外淨六塵。前面講的是六塵境界，六塵境界跟六根接觸的時候，外頭的是色，色相的根，內裡頭是清淨無色的根。你的思想，這跟什麼接觸？自己想！但你自己的想，裡頭又含著有痛苦，你會回憶根所接觸的好環境、苦難的環境。受綑綁！吊打！這是外六根；語言刺激你、傷害你的內心，這是內根。把外頭所有接觸的一切境界相，都用你的心裡把它變了，變成什麼呢？變成好的。像劍戟，從空中下雨似的，你把它變成空中的妙華鬘，有這力量能變嗎？這六種光，所有的修行怎麼變？菩薩行菩薩道的時候，令一切衆生思惟佛色，觀想佛的光明，觀想它性的空寂，所以就得成了，光明也變了。你的聲音，眼耳鼻舌身意，色聲香味觸法，六根六塵接觸六識。

這裡頭還有個愛好，我們舉舌根吧！不是吃辣椒的人，你給他辣椒吃，辣得他簡直老半天都不舒服！若是吃辣椒的人，他吃辣椒把它當美味，他說這個好吃，頓頓都離不開辣椒的；山西人，什麼菜都要加點醋，他覺得醋很好；南方人喜歡吃甜的，我僅指舌根！社會常形容著「老僧入定」，這是形容不好的，像老僧入定似的，也就是討厭死了；老僧若能入定，我們若能習到定、得到定了，我們認爲很高興。這就是業，什麼業受什麼報，作什麼因感什麼果。

以昔曾於道路中　塗香散華布衣服
迎送如來令蹈上　是故今獲光如是

往昔生中看到佛菩薩來了，由於自己沒有什麼，就把自己的衣服脫下來，或者自己去買些華散上，或者把衣服鋪到地上，讓佛菩薩走到上頭，迎著佛來回在這上面走！所以現在獲報的時候，就有上面所說的這種光明。

又放光名法清淨　能令一切諸毛孔
悉演妙法不思議　眾生聽者咸欣悟
因緣所生無有生　諸佛法身非是身
法性常住如虛空　以說其義光如是

「又放光名法清淨」，這跟六塵境界、六根境界完全不一樣，叫什麼呢？叫法清淨。法清淨使每一個毛孔都能出香氣，都能出法氣，都能說妙法。所以說「一微塵裡轉大法輪」，都是轉的妙法不思議！還能令一切聽眾，聽到欣悟、歡喜領悟，領悟就是證得。妙法是什麼樣的法呢？妙法不思議！「因緣所生無有生」，入理了，這不是事，「因緣所生法，我說即是空」，因緣所生法，空就無有生，這就叫妙法，明明是生無有生，無生故也無有滅，因緣所生法沒有生。「諸佛法身非是身」，是什麼呢？是法。法是什麼呢？是心，是一眞法界。「因緣所生法，我說即是空，亦名中道義，亦名爲假名。」這個無有生，是中道義。

佛所說的法身不是身，不是肉身不是幻化身，法身是眞實的性體。這性體是一切衆生都具足的，平等平等。在有情叫佛性，在無情叫法性。無情、有情同稱爲法性，這個法性是常住的，虛空之義永遠如是的。這是什麼光呢？這是義光，義是甚深之理，甚深的法義，內淨六根，外清六境。色、聲、香、味、觸、法，這是六塵境界！眼、耳、鼻、舌、身、意，這是六根！一切都如夢幻泡影，這些都不是眞實的，六根、六塵都不是眞實的，法性裡沒有；但是它是依著法性而起的，依著法性起的，法性裡沒有這些，一切都是空的，這就是所含的義理。

空者是聖者，我們不空是愚者，愚癡沒有智慧，那就是凡夫。義理上所說的空，並不是把六塵、六根境界都消滅了才叫空，不是的。物質存在的時候，你體會到「見」，我們剛才所說的見，見諸法的體，見諸法的性，性空！

如是等比光明門　如恆河沙無限數
悉從大仙毛孔出　一一作業各差別

像微塵沙那麼多，都是從佛的毛孔中，所出的利益衆生事業，所顯現的一切衆生事業。上面所說的這麼多光明，大概一共有四十四門，所顯的這些光明，皆是佛的毛孔中出！每一個作業各各不同，業有千差萬別，所以光才有無盡數塵沙之光明。光是指智慧說，對於每一個事物必具於理，理能照事，顯示事是虛妄的。入了住的菩薩，信心具足，發菩提心，發的菩提心就是覺悟心。他理解到，相似的跟佛齊等，我們是本具的與佛齊等，但是現在迷了，本具的德性全都失掉了，又要從頭開始，信、住、要發願、要修行，再恢復我們本有的。

這經文本來是很淺的，不是說得很深的。要歷事驗心，遇到任何境、歷到任何事，驗證你自己的心，你是怎麼想的？你是怎麼認識的？你認識得深，不被它轉，你就是聖賢；如果被它轉，你就是凡夫。對境發心，沒有外面的境界相，怎麼發心？沒有苦，你不會去求樂。苦本來是沒有的，樂也是沒有的，因爲迷了，衆生幻化出有苦有樂、有生有死、有健康有病苦！兩個都是對照的，沒有健康顯不出病苦，沒有病苦，想不到你健康的安樂。

身體健康就是財富，你理解到嗎？你能夠遇到佛法，你就是有大善根，學佛的人都這樣看，不學佛的人他根本不理解的！理解了，你現在有善根，可惜冬天發不出芽來了。看看那個桃樹，到現在還沒發出芽來，怎麼辦呢？灌溉它，撫育它。灌溉、撫育的方法，是依著佛的教導，持誦、禮拜、念經、懺悔，撫育它、讓它發芽，使善根再成長，變成無量性功德。

如一毛孔所放光　無量無數如恆沙
一切毛孔悉亦然　此是大仙三昧力

毛孔放光，表菩薩的用，用是利益衆生的一切事業。衆生無量，衆生的思想情況更複雜、更是無量。因此諸佛菩薩的妙用，也是無量無數如恆河沙那麼多。每一毛孔就表一個度衆生的法門，每門所說的法，法所顯的道理，光就是用。「一切毛孔悉亦然」，這是佛的三昧力，一切入住位的、信心滿心的菩薩，他亦能如是用，但是是相似的。

如其本行所得光　隨彼宿緣同行者
今放光明故如是　此是大仙智自在

「本行」，因地所修行的、所得的智慧，光就是智慧。在過去修行當中，跟他有緣者、跟他一起修行者，都能感到如是光。放光就是智慧的自在。智慧的自在是說他在利益衆生方面，給衆生說法，轉化衆生，自在就是不受拘縛的意思。現在我們不說利益衆生，就說利益自己，不自在！不自在的原因，這就多了，你想幹的事幹不成，得不到自在；你不願意做的事又非做不可，好像有種業逼迫。這位學佛的菩薩，在他信佛、信滿了，能入了住位，再發菩提心，這個所發菩提心，能夠感到佛的加持。

像我們說了這麼多光，放了這麼多光，我們的道友見到這些光？遇到這些光？爲什麼有見者、有不見者？見者是少數，不見者是多數。因爲這種光，這種教化的光之作用，凡夫、外道、信不具者，他不能遇到光，遇到也見不到。原因是什麼？

沒有這個緣，沒有這個緣就遇不到。有緣乃見，無緣呢？無緣不覺，就不知道。過去生修了這種福，有了這種業，今生就能見得到，能見得到的，就說你的宿業消失、得到加持了，增加你的信心，增加你的行持，但必須得有福，有這種業用。

往昔同修於福業　及有愛樂能隨喜
見其所作亦復然　彼於此光咸得見
若有自修眾福業　供養諸佛無央數
於佛功德常願求　是此光明所開覺

如果往昔共修於福業，或者愛樂，或者隨喜，所以能見著光，也能見著這位菩薩所作的事業。那時候，由於過去的福業，由於隨喜讚歎，今生遇著光明。不遇著呢？就是業，自己的業。過去同修沒修成，過去隨喜，遇到了這種法學習過，今生就有這個緣，就能得見此光。見光就是見智慧，見智慧就能使業障消失、福業增長。供養諸佛、常思念佛的功德，這個光明就能開悟你，使你覺悟，顯你有宿緣。這種意義，我們從現在自己的生活當中，現在的學習當中，你可以感到。感到什麼呢？比如說大家共同學習《華嚴經》，就這樣一個普通的學習，你得有緣！而這個緣千差萬別，有的共同學習一座的，有的共同學習兩座的，就想到這個緣，非常不容易。

我先在鼓山學《華嚴經》，而後到了北京，慈舟老法師又講《華嚴經》，一百個人聽，等這部經講圓滿了，剩下不到二十個人。然後問一下，從頭到尾聽完的，沒有。這就是福業的關係，還得愛樂隨喜。對大家我不曉得，對我身邊的這些男衆，沒有一個人聽全的。昨天高旻寺有位道友給我打電話說：「老法師，《華嚴經》不聽了，來這裡參禪了。」我答說：「參禪比聽《華嚴經》還好，聽《華嚴經》是學，現在到那參禪去了，行啊！」他又說：「普壽寺來了好幾個。」我說：「很好，跟參禪有緣，跟《華嚴經》無緣，無緣難入。」我們還不說感光，就是聚會聞一下，種這麼一個善根都很難。這叫業，業不同故。只是聞一聞，還沒說怎麼進入、怎麼成道，那更不要說，門都沒有、邊都沒有。

所以諸佛的教化，不是諸佛有選擇，是我們自己的業，業不同故。我們拜千佛懺，或者念萬佛名號，像這個業，這都是業，是殊勝業，很難得遇到。

還有心不開，心不開就是智慧不開解，往往自己在作，不知道作什麼。有的拜了一、二十年佛，拜萬佛、拜千佛、拜《法華經》、拜《華嚴經》拜了很多。我聽說他很修行，我就去看他，他就問我：「老法師，怎麼樣了生死？」我就很詫異，我問說：「你在幹什麼？」他說：「我拜佛！」「拜佛幹什麼？」他又說：「拜佛就是拜佛，還要幹什麼？」我說：「你問我了生死，你拜佛不是了生死嗎？」他說：「拜佛是了生死！」我說：「你幹什麼？不止拜佛了生死，你接觸三寶，你所作的都是了生死。」有了福德，有了智慧，斷了煩惱，消了業障，這不是了生死嗎？自修有福業，才能夠感到供養諸佛，供佛無央數，供養佛的時候想到佛的功德，要求證得佛，自己也要成佛。「光明所開覺」，光的開覺跟你聞法的開覺是一樣的。但是得具足這種緣，過去熏習過，修行三寶的業，喜歡作三寶的事，看見作三寶事的菩薩，心裡生歡喜。雖然自己沒作到，看見人家作自己讚歎隨喜，那就分得一份！看見人家所作，雖然你沒有作，心嚮往之，我也願意做。

我們看見那些工人在修廟，乃至初發意的小菩薩也跟著勞動。小菩薩是自願的，他還懂得莊嚴佛淨土。那些工人掙錢的、養家的，修廟跟修馬路能一樣嗎？在太原市修建樓房跟在廟裡修，能一樣嗎？他不懂，你給他講講，他也不見得信，他說：「我幹一天，你給我幾十塊錢就行了。」同樣做一件事，他的福業、他的功德業，完全不同。說到我們，大家共同來學《華嚴經》，這裡頭千差萬別不同的。有的發願願成佛，有的在這兒來求功德、求點福報、求點消災免難。有的，反正該聽課的隨著來了，聽沒聽？聽的是什麼？跟自己的身、心結合沒結合？這是你的福業，會修不會修？會修的修了很多福，不會修的造了很多業，用心不同。

譬如生盲不見日　非為無日出世間
諸有目者悉明見　各隨所務修其業

大士光明亦如是　有智慧者皆悉見
凡夫邪信劣解人　於此光明莫能覩

一位瞎子，白天看不見太陽，晚上也看不見月亮，這個毛病是太陽的毛病嗎？是月亮的毛病嗎？是太陽沒出來嗎？是月亮沒出來嗎？不能怪太陽、怪月亮，因爲你生來就是個瞎子，這是一種。身邊不見日，不是日沒出世間，日天天出世間；佛法常在世間而不爲衆生所知，佛法永遠沒有離開世間，常住在世間。有知者、有不知者，有遇著、有沒遇到，不是諸佛菩薩化度衆生不平等，而是自己的業障，因爲你的業，障住你了，沒有因緣進入。人家有緣的，共同學習、共同生活，無緣的，沒有。

大家想想看，這個社會這麼困難，生活這麼緊張，我們每天吃的、穿的、用的，人家從遠處寄來，爲什麼？像我吃的、用的，有人怕我不足，一天還打電話問，還從這兒寄來、那兒寄來。他們求什麼？我們又有什麼給他們？這就是思惟修。要給人家迴向，不要認爲把我的福德給他，我就沒有了！不會的，越施捨越多。他是以世間相、世間法來供養三寶，我們僧人給他是無價的，不是世間所能限制的。給他迴向，讓他消災是另一回事，讓他學出世法，讓他得善根。

看著是無形無相，實際上都是約世間法，我們從世間法，要理解出世間法。我們所見到的都是有形有相、可知性，但是我們求的是現在我們的智慧還不可知、不能知道。我們現在修的業，用這個業能夠使我們斷煩惱、得解脫、求出離、得自在。這些大菩薩他成就了，他所有放的光明，用這個來加持一切眾生。但是你得有智慧，有智慧你才能見，沒智慧見不到！凡夫，信不具的、邪信具的人、劣根性的人，他不能解也理解不到。

「於此光明莫能覩」，有些蒙到光加持，有些見不到、蒙不到光的加持，加持的深淺，加持的大小，不一樣的，但是光呢？永遠如是。

摩尼宮殿及輦乘　妙寶靈香以塗瑩
有福德者自然備　非無德者所能處
大士光明亦如是　有深智者咸照觸
邪信劣解凡愚人　無有能見此光明

法就像太陽一樣的，法常在世間，諸佛教化眾生的法常住世間。有僧，僧是住持法的、住持佛的，也是有智慧的、有善根的能住入，沒有智慧、沒有善根的不能住入。有能見的，有不能見的，就看有沒有這種因緣，得有緣，有緣能入無緣入不了。「摩尼宮殿及輦乘」，摩尼是寶的意思，宮殿是以寶所成的。這個大多是指天上的，人間的宮殿我們見著了，還是磚頭瓦礫，不是七寶的。有些香，聞著香能夠理解，現在哪有這種香呢？聞不到了。有福德的，七寶莊嚴自然具足；沒福德的，求也得不到。有福德的，人家給你送來，沒福德的，你去求求不到。

六十年前，我在北京白衣庵的小廟住，白衣庵是指觀音菩薩大士。那間廟接近鬼市，什麼鬼市呢？白天不做生意，到夜間十二點，開始做生意了，做到天將要亮。這個市場叫什麼市呢？鬼市，不是人市。點個小油燈，擺著幾件貨物賣，願意買就買，不願意買就沒有了。那裡頭什麼寶貝都有，你有福報才買得到，沒有福報買不到。

有位老和尚，他就上鬼市買，我自己從來沒去過，因爲我什麼也不想買。他買了一個洗臉盆，很重，他自己抱回來，大家跟他開玩笑說：「你這一塊錢買了一個金盆！」爲什麼呢？他這洗臉盆是黑的。大家東說西說的，後來他眞正磨磨看看，裡面是黃的，眞是一個金盆，他就把它賣了，把觀音殿翻修了一下，才用一塊錢。所以那個市就叫鬼市。解放後，鬼市沒有了。

故宮的寶貝，是以前進貢的，現在皇宮的寶貝都沒有了！當有福德的時候，求什麼有什麼，心裡一動念就來了；福報沒有的時候，這叫求不得。當你坐這個車，皇帝坐的那個叫輦，也就是車，裝飾不同了。拿摩尼寶來作宮殿，拿妙寶靈香來嚴飾。有福有德，他自然就有，福德失掉了，這叫求不得。求是求不到的，八苦之中有個求不得苦。你想求個飲食、求保暖，都辦不到的，失掉了。這些凡愚、邪見外道、劣根性的二乘沒有因緣，見不到菩薩的光照，形容著菩薩光照。大士所放的光明，有深智慧的都能得到！若是邪信、不信正道的、劣根性、凡愚人，「無有能見此光明」，見不到光明，光是常放的。

若有聞此光差別　能生清淨深信解
永斷一切諸疑網　速成無上功德幢

這是說見、說聞，聽到這種光的差別，光就是法，就是佛所說的法。光是顯一切法的，能給你生起一個信解！信、覺悟，見光而聞法。看那些高僧、神僧、神尼到五臺山所見的聖境，最近一百年來很少了。爲什麼過去很多？到五臺山的人能見到佛光，夜間見著智慧燈，滿山都是智慧燈。文殊菩薩是有愛憎嗎？給他們放、就不給我們放？不是的，是你的智慧，是你的德。近一百年就很少，五臺山滿（漫）山遍野都是智慧燈，好多朝了五臺山的就開智慧、得了道、災難消了。有聽說在五臺山搶劫的嗎？在五臺山殺人的嗎？這一、二十年可多了，把這些拿來當做五臺山的靈跡嗎？乃至和尚被殺的，殺人者是和尚，過去聽說過嗎？這就是現在的業，現在的人劣解，偷盜搶劫的都有了，這就叫末法。靈異沒有了，災害頻繁。什麼原因？文殊菩薩起了變化嗎？衆生的業！所以這個光明就不能見了，看見的光明不同，聞見的法音也不同。生信解，生了信、解悟了，隨個人的大小根機、理解不同。若有懷疑，一聞著佛法、看著佛經，懷疑解除了，能夠成就無上功德，有的本來不懷疑，聞到佛法了生起懷疑，差別的不同。信解，不懷疑，信解三寶不懷疑。

有人問我，說：「現在文殊菩薩是不是也變了？」我說：「變什麼？」他說：「過去有光，現在無光。」我說：「文殊菩薩沒變！」過去能見著光是他有智慧，他的智慧跟菩薩合了，我們見不到的，因爲我們沒有智慧，我們的業障把文殊菩薩光明給障住、看不見了。太陽隨時照，有時候雲彩來了，說這個天陰天，太陽沒出來嗎？大家都知道太陽照常出，讓雲彩給遮住了！菩薩的光明常時照，你讓你的業障給遮住了！那個苦難太重了，見不著菩薩的光明，得不到解脫。

有勝三昧能出現　眷屬莊嚴皆自在
一切十方諸國土　佛子眾會無倫匹

「有勝三昧」，就是殊勝的定，大菩薩所有的眷屬弟子，莊嚴、自在，「方以類聚，物以群分」。哪一類的人，他所有的眷屬、朋友、知識，可以說都是好的。但是，那些造業的人，他拉幫結夥，我們所說的黑幫，幫口也分好多幫，一百多年前有青、紅幫，特別是上海、天津有水旱碼頭的地方。做惡事的人也有一夥，「方以類聚，物以群分」，做善事的也有一夥。說我們和尚有沒有？照樣的。有的道場非常清淨，有的道場不清淨，這就是「方以類聚、物以群分」。志向相同的，道念相同的，他聚到一起，修道、求解脫、求成就的；懈怠的、作佛事的，找作佛事的一夥。你可以看得到的，看那廟上掛單的不同，到一間廟看看，理解一下子。

現在我們從東北到河北，乃至到山東，北方的比丘、比丘尼，三、五個住一間廟的，跟南方的比丘、比丘尼，有十幾個人住間廟的，你可以看看他們在幹什麼，每間廟都不同。你不信，你在五臺山，我們前後都有廟，男衆女衆廟都有，你去看看吧！各各不同，這叫「方以類聚，物以群分」。愛好哪一個就跟哪一幫，有參禪的、有修淨土的、有學教、學戒律的，這是往好處說，不好處說呢？掙錢的、趕緣法的。所以，你要求一般齊不可能。佛在世的時候都不可能，何況佛涅槃了，更不可能。

有妙蓮華光莊嚴　量等三千大千界
其身端坐悉充滿　是此三昧神通力
復有十剎微塵數　妙好蓮華所圍繞
諸佛子眾於中坐　住此三昧威神力
宿世成就善因緣　具足修行佛功德
此等眾生繞菩薩　悉共合掌觀無厭

譬如明月在星中　菩薩處衆亦復然
大士所行法如是　入此三昧威神力

這些偈頌就是行業用，什麼業用？殊勝三昧的業用。殊勝三昧是勝定，殊勝的定。「三昧」又翻「正定」，修觀也好，學習也好，學經也好，學戒也好，這叫正定。又者，三昧就是自然義，當技術學習成熟的時候就是三昧。「三昧」在印度是普通的形容詞，說他善巧達到三昧了，功力達到自然而然的出現，不假運作。

我經常引用王羲之寫字寫成三昧，最近我也有這個感覺。你天天寫字，一拿起筆來一畫，就成了一體，自然就是那個樣子。爲什麼呢？一件事情習久了，久習成自然，自然而然的，這都叫三昧，我們的用語就是「正定」。當你修道修的有功力，一坐就入定！大菩薩不用坐，不用作意，自然就入定，三昧無處不在。

「楞伽常在定」，在《楞伽經》上講，佛是常在定中的，佛乃至於六道中化度六道衆生，一切行的示現、八相成道，佛是在定中，沒有出定，這叫三昧。你看一個高級技術工人，他做一件事情，做熟練了不假作意、不用看，他手裡隨便就做出來了，你怎麼做都不像。你看景德鎮燒瓷器的，做瓷盆的，或者畫家都如是。齊白石畫的，他跟別人畫的就不同，這就叫「三昧」。

我們和尚的三昧，不是烙個餅子、寫幾個字，而是無量劫所修行來的，殊勝三昧，解脫了，能夠在十方國土都出現。我這入定了，在你身上出現，在他身上出現，我在她身上入定，在我身上出現，這都叫三昧。有情的衆生在有情世界出現，入到無情，石頭也變成三昧。有情、無情同圓種智，就是這個涵義。十方一切國土，一切佛子，佛的弟子，佛教徒的聚會沒有能跟他匹對的，沒有同倫的。

「有妙蓮華光莊嚴，量等三千大千界」，這是形容三昧的，別離開三昧。一朶蓮華，「蓮華」加個「妙」，「妙蓮華」來莊嚴！妙蓮華是無情的，變成有情了，情與無情同圓種智。這個妙蓮華，體積有好大呢？「量等三千大千界」，一朶蓮華有好大的量？三千大千世界。

「其身端坐悉充滿，是此三昧神通力」，佛菩薩就端坐在這朶蓮華當中，這是佛的神通三昧力，三昧裡的神通力，三千大千還少呢！十刹微塵數，一個佛刹三千界，十刹就是十個三千大千世界，把十個三千大千世界都磨成微塵。「妙好蓮華所圍繞」，十佛刹微塵數全變成殊妙、美妙的蓮華，圍繞著十佛刹微塵數世界。「諸佛子衆於中坐」，一切佛子在蓮華中坐，這叫什麼三昧？叫蓮華三昧，都坐在蓮華之中。

「住此三昧威神力」，這位菩薩才是住地的菩薩，能夠如是示現的！沒有十地，十地菩薩更高了，這劣於十地，而且這個次第還不壞。說十信入住了，八相成道，能在三千大千世界，有這種功力，示現妙蓮華爲座。

「宿世成就善因緣，具足修行佛功德」，具足了修行佛功德，衆生都來圍繞這位菩薩。「此等衆生繞菩薩」，圍繞著菩薩，坐他的周圍。「悉共合掌觀無厭」，觀端坐蓮華座的菩薩。

「譬如明月在星中」，我們看天上的星星，是星星亮呢？還是月亮亮呢？月亮亮。爲什麼月亮亮？它離著我們很近，那些星球離我們很遠，這是形容詞。說這有信滿心的菩薩，他在大衆之中，在人天大衆之中，就像明月在星星當中一樣的。「菩薩處衆亦復然」，菩薩在大衆中也是這樣。

「大士所行法如是，入此三昧威神力」，說這個三昧法，明菩薩的業用，先用蓮華、用比喻來合，顯菩薩的業用之大。信十信的菩薩，八相成道，這是示現的，他並未成佛！但是後面一地一地的，十地菩薩功力更勝了，三昧更強了。

◎十方現證

如於一方所示現　諸佛子衆共圍繞
一切方中悉如是　住此三昧威神力

這個三昧的威神力有好大呢？顯示這個三昧的力量大。在一方如是現，在一切方、十方都能如是現，爲什麼？示現這個三昧力，所以叫殊勝三昧。他的定跟用結合到一起！我們平常的用功，對自己的功力還不知道如何，等在用上，你就知道慈悲心重還是瞋恨心重，就知道你的功力。遇著一些煩惱的問題，你能有定力、有三昧力，他不煩惱了。就是能夠忍受一切災害，忍力增強了，那就是智慧。

每位道友自己都能知道自己，爲什麼還要學教義？學的時候，我們把佛所說的拿來對照自己的心，自己的受用，自己的感受。平日你不知道，遇著境界現前，知道你的力量大小。有的到這兒滿不在乎過去了，大的困難你也能忍受，忍受之後也過去了。過去了你再回頭看，回頭看什麼呢？回頭觀一觀，就知道你信佛行道所產生的力量如何！如果歡歡喜喜受，不是煩惱受，把舊業消了，心的智慧增長了，那就有定力，你知道有功夫！等達到二死永亡的時候，在塵不染，在六塵境界一切生活當中，不被塵垢所染污，使你的心清淨、安住下來，那就住在三昧力裡。

因爲自己還不知道，必須有聖教量，聖教量就是佛所教導我們的，你去量一量，你現在所得到的、證到的，有一定的位置。你會入到哪位？入到頂位、入世第一位、入到初果，這是按小乘教義。大乘教義，你菩提心發的力量如何？產生的業用如何？效果如何？自己都能知道的。煩惱生起了，自己能克服，所謂克服者就是能夠忍受，若是再能夠把煩惱轉成菩提，把業變成用，變成什麼用呢？把忍受變成慈悲，慈悲就是給衆生快樂、歡喜、拔衆生痛苦。這個你自己都能清清楚楚的，你的功力到什麼程度，煩惱能斷到什麼程度，有的你克服得了，有的你克服不了。八識田中的業種子顯現了，你認識它，就害不了你，你不認識它，就害你。當你要發脾氣時，你說別冒火，業障要發現了，自己跟自己說。這一說那業障就冒不出來了，自己跟自己會笑一笑，你的功力又進了一步。有人罵你、打你或者栽贓陷害，你本來沒有的，却栽到你頭上！有些世間人暴跳如雷，想去打官司，都沒得用。說現在法律平等，對你沒得用，爲什麼？在你身上就不平等，因爲你沒有力量。

平等是對什麼人說的？我們佛教講平等是講業平等，所作業平等。他作的業有那麼大福報，你作的業有那麼大罪業，所以你墮地獄，他升天堂，那距離太遠了，業平等，這還是平等。他生天、你下地獄，平等平等，怎麼？他作升天的業，你作下地獄的業，業平等，你作的業你受，他作的業他受，一會兒你又生天，一會兒你又下地獄，隨著業轉，不能轉業！等到你能轉業，得了三昧自在。這都是示現的，全部都是假的，沒有一樣眞實的。爲什麼？造業本身是空的。

一切菩薩大士所行的，都是三昧威神力。地藏菩薩到地獄度衆生，那是他的威神力！大家應當那樣觀想，人家到地獄，一稱南無佛，或者念一聲地藏聖號，地獄就空了。地藏菩薩本人若到地獄裡頭，地獄不空嗎？經上說的話，你要用智慧來理解。有些人認爲地藏菩薩到地獄，下地獄去了，沒有那麼回事，「地獄不空，誓不成佛」，地獄根本就沒有。你造業了，對你來說地獄就有，因爲你業障有了。現在你生起煩惱心，生起殺盜淫妄這些業，地獄就有了！前念造地獄，後念消地獄，後念假三寶功力，不起這個心，把這個心消滅了。所以你把你的業障消了，就不要顧慮有地獄沒地獄！有業、沒業，你有什麼業，對你來說社會就是個什麼現相，你沒有這個業，那個現相對你沒有關係。

現在這個地球上，一天裡好多次地震，我們誰也不知道。你們在普壽寺裡一住，如果報紙也不看，電視也不聽，連知道的業都沒有，甭說身受了。今天這個時候地震，明天那個地方地震，那地方出車禍，死了幾十個人，那地方煤礦塌了，又死了好多、幾十個人，或者打仗死幾個人，你連聽的業、聞見的業都沒有。「萬法唯心」，是這樣來講的。那些大菩薩行的，都是他三昧威神力所現的對著這境。

有勝三昧名方網　菩薩住此廣開示
一切方中普現身　或現入定或從出

十方交絡縱橫無盡！我們現在一機在手，一會兒北京電話來了，一會兒南京來了；你也可以往外打，一會兒打到哈爾濱，一會打到美國。這一按可神了，這不是神通嗎？這是形容三昧方網。你上了網路，你在這講課，全世界只要上網都收得到了，都聽你在這講，這叫「方網」。現在假科學的發達，你可以現神通力。

淨空法師跟我講，他在香港修這麼一個網路，一個人在屋子裡坐著，電門一開，他講的全世界都聽到，凡是有網路的都可以聽得到的。我說：「你現大神通了！」

這個神通是網路的。這些是不是眞實的呢？當然不是眞實的，拿這個來形容的意思。

這個網也如是，有個三昧叫「勝三昧網」，那得有緣的。我曾經問過他，我說：「你上網路講課的時候，你放個光！」他回答：「放不出來！」我說：「你放個假的，用電一放光，淨空法師放光了，全世界宣傳出來了。」他又答說：「那不行，大家都知道這是假的，這是電光不是神光。」我們現在講的三昧是神光。什麼樣是假？什麼樣是眞？當你沒有悟得眞心性體，一切法都是假的。當悟得性體，從你的性體，那才是眞的，因爲假的才自在，眞的悟得三昧了，更自在。現在假機器發明，自在、上網路了。但是這裡頭有很多的災害渠道，好的能成就，壞的也成就，用網路聯絡，造殺盜淫業也用網路造，都一樣。這跟我們現在講的這個就不同，現在這講器世間，不是有情世間，不是正覺世間，三世間光說器世間，器世間爲正覺世間利用，正覺世間神通，而後爲有情世間所享受。

或於東方入正定　而於西方從定出
或於西方入正定　而於東方從定出

像東方入定，西方出定；西方入正定，東方從定出！我在你身上入定，在我身上出定，四面八方都可以入、住、出。

或於餘方入正定　而於餘方從定出
如是入出徧十方　是名菩薩三昧力

這是講定自在。大家知道修定，我們現在一會兒是天，一會兒是聲聞緣覺，那個定不同，只能在自己靜坐的時候，入定了神通就來了，出定了神通就失掉了。大菩薩入定，入時、住時、出時，平等平等都一樣。等你到了一部分，入定了神通都有了，出定了神通都沒有了，爲什麼？還有個業報身。爲什麼印度那時候，阿羅漢灰身泯智？他要消滅他的肉體，他的神通永在了，有這個肉體障在！爲什麼他要入涅槃？一入涅槃了，他神通自在。有肉體的時候，他不自在，請他觀察什麼，他得入定，菩薩則不需要。

壽治老和尚到美國跟我講，他從上海下了飛機，在五臺山有位老道友，他後來去看他的時候，他說你某天某日，下了飛機的時候哪些人去接你！他在這入定，看見他了，沒入定，這個功力就沒有了。但是我們現在講的大菩薩不同，他在這入定，可在別處出定，入、住、出、一切時、一切處，都能達到無礙，這才叫正定。所以說佛、大菩薩在定中作了一切事，而且清清楚楚。他作一切事的時候都在定中作的。所以在東方入定，從西方出定！在有情世間入定，從無情世間出定，或者在餘方、或在東方、或在西方，在哪都可以，想入定就入定，想出定就出定，徧一切世間。

有的在石頭當中入定，從水裡出來了，在水裡入定，從石頭出來了，一切事物都是自在無礙。

盡於東方諸國土　所有如來無數量
悉現其前普親近　住於三昧寂不動
而於西方諸世界　一切諸佛如來所
皆現從於三昧起　廣修無量諸供養
盡於西方諸國土　所有如來無數量
悉現其前普親近　住於三昧寂不動
而於東方諸世界　一切諸佛如來所
皆現從於三昧起　廣修無量諸供養
如是十方諸世界　菩薩悉入無有餘
或現三昧寂不動　或現恭敬供養佛

爲什麼生到極樂世界？早晨的時間到十萬億佛土去送供養，回來的時候，再到極樂世界用早餐，就是入這種定。定中供養，「住於三昧寂不動」，普能親近十方諸如來，「悉現其前普親近，住於三昧寂不動」。

器世間、有情世間、正覺世間，正覺世間專指諸佛大菩薩說的，有情世間是指一切衆生說的，器世間是指一切物質說的，三世間都能得自在，都可以入定，都可以出定，這是處所自在，於諸佛自在，於菩薩自在。爲什麼？定故，定自在，入定、出定隨他作意。入定就是出定的時候，出定也是入定的時候，就是作意之間。在《華嚴經》，入定、出定是指理上說，這入定、那出定是事上說的，理成一切事，一切事都是理，他想怎麼做就怎麼做，一作意就成了。

定是自修，用是利他。自修的時候就是利他，利他的時候就是自修，他是定用自在了，是大用無邊。這都得見著理體，見著自己的性體。〈大乘起信論〉講自在無礙，是回歸自己的自性，成就了！這是說剛入門，相似但還沒有證得法身，證得法身是初地菩薩，那他的妙用更大了。這要一步一步講，這就講十信住位的十住菩薩，十住到十行，十行到十迴向。十住的時候還好講，到了十迴向，大家可以念念《華嚴經》，那更深入了，要登地了。

這完全是講理，理成於事！若悟得理，這是明心見性而後所起的功用。像我們這個世界，我們所說的開悟、參禪明心見性，沒有這個妙用，光是悟得體，還沒有起到修的妙用。《華嚴經》的十玄門，隱顯同時具足，隱的時候就是入定的時候，顯的時候就是出定的時候，隱即是顯，顯即是隱，就是菩薩秘密自在德。

菩薩有無量力、無量德，我們不說菩薩，就說現前每位道友，你也具足的。你定的時候，在普壽寺住，每天照常吃飯、穿衣、上殿、過堂、聽課、作佛事，感到你一回家，就產生妙用。回家要度人了，三姑、六婆、八大姨全來看看，我們這位菩薩回來了，這個問你東，那個問你西，你就現神通！你給他說佛法，不是瞎吹，告訴他怎麼樣了生死，怎麼樣解脫，怎麼樣不要煩惱，怎麼樣不要起貪心，反正貪瞋癡都不好的。在家人都求個吉祥幸福，你就給他講講幸福，這就叫妙用，這就是用。

你在寺裡就是定，在寺裡當然顯現不出來，大家都是同修、都是同德。你那套大家都知道，大家也知道你那套，你也說不出來。但是，你回家去，回到另一個眾生圈，那就不同了，你是大智慧者，他們就把你當聖人看。但是你到知識份子當中又不同，那就給他闡說理性，要給他講道理：爲什麼要信佛？信佛有什麼好處？什麼是佛？要先講清楚。佛講的就是你自己，你現在就是佛。他當時聽到很詫異，假如說你就是佛，我很恭敬你，可惜沒有發挖出來本具的性功德。

前面《華嚴經》講如來果德的時候，但是你沒有，爲什麼？你迷了，就像你們家的那個鏡子，灰塵落得太久了，照不見相，你把它擦乾淨，馬上就現了。迷的時候叫隱，落了灰塵叫隱，灰塵擦乾淨叫顯，顯了就現相了，能現諸相，這叫菩薩的秘密隱顯具德門。隱的時候不顯了，具足顯現的一切力用，有力用的時候，他三昧就不定了。但是在顯的當中，大菩薩的密即是顯，顯即是密。西藏所說的密宗就是現前一念心，大圓滿成就的時候，現前一念心，就是現前一念心的作用，這一念心通於過去、通於現在、通於未來。

眼耳鼻舌身意，對待外邊色聲香味觸法境界的時候，能夠自在受用！把眼耳鼻舌身意入到色聲香味觸法裡，色聲香味觸法都變成眼耳鼻舌身意，那就神通妙用了。境跟根，根境變成一，在這個裡頭，你能產生自在妙用。你在他身上出定，自、他，他身、自身，能夠自在運用妙用，他並沒有感覺。你從他身上出定，他一點感覺沒有，他也不知道你從他身上出定。你在他身上入定，他也沒有感覺，是你的自在妙用，你從石頭上出定，石頭有什麼感覺？石頭是無知的。他利用一切有情、一切無情來度衆生，這叫自在妙用。

於眼根中入正定　於色塵中從定出
示現色性不思議　一切天人莫能知
於色塵中入正定　於眼起定心不亂
說眼無生無有起　性空寂滅無所作
於耳根中入正定　於聲塵中從定出
分別一切語言音　諸天世人莫能知
於聲塵中入正定　於耳起定心不亂
說耳無生無有起　性空寂滅無所作

◯釋 文

於鼻根中入正定　於香塵中從定出
普得一切上妙香　諸天世人莫能知
於香塵中入正定　於鼻起定心不亂
說鼻無生無有起　性空寂滅無所作
於舌根中入正定　於味塵中從定出
普得一切諸上味　諸天世人莫能知
於味塵中入正定　於舌起定心不亂
說舌無生無有起　性空寂滅無所作
於身根中入正定　於觸塵中從定出
善能分別一切觸　諸天世人莫能知
於觸塵中入正定　於身起定心不亂
說身無生無有起　性空寂滅無所作
於意根中入正定　於法塵中從定出
分別一切諸法相　諸天世人莫能知
於法塵中入正定　從意起定心不亂
說意無生無有起　性空寂滅無所作

這裡一共有六對，根對於塵，裡頭沒有說識！因為識本身就是定慧，根、塵、識乘起來叫十八界，三六一十八。上面所念的偈子，如果從文字上說，這是講一切事相，根也是事，塵也是事，根對塵當中的有識，識也是事。這不是心，我們經常說識心，識也變成事。定，就是理法界，這些事相就是要起觀，觀事法界入理法界，理能成事。觀是智慧，定就是指著禪定，是心定，定是理。定慧很多，六對，就有六種。

其實就是兩個，一個事一個理，而後再歸成一個理事無礙法界，法界就是心，理跟事在一心當中無障礙。能觀的心跟所觀的外頭一切境界相，把一切境界相變成心理，心的理徧於一切事相。在理上是不動的，理徧於事，這叫定，事照於理就叫觀，若理事無礙相應了，生死大事了了！在事門上，在境界事的當中，顯你能觀的心性，能觀的心性跟理結合起來，這就是定。

明達法相，心徧一切處，照了一切處，觀照。照了就是觀照，了一切諸法無生，了一切諸法無生是用理，用心觀照一切諸法隨心而起現，一切大乘經典都如是說的。如果單講事的定，單講事定不明理定，事不能定，事必於理。

舉一個例子，你的心一動，讓手拿毛巾，手就起作用了，手不曉得幹什麼，心叫手幹什麼就幹什麼，這個道理懂吧？你哪根痛，哪管扎個刺感覺著痛，扎刺並不痛，痛是心到了，你意念一到他就痛了，那就是覺。

我們經常講「有覺覺痛，無痛痛覺」，哪兒受點傷、哪個身體上不自在，覺悟不自在的那個就是心。心如果偏於事、能轉事的話，那就定了，定了就不痛了，我們是轉不動。你懂得這個道理了，從眼根入正定。正定是什麼？正定就是三昧，三昧又是什麼？就是你的心理。眼不對色，眼根不對色塵，不對色塵就不亂了，功力大的大菩薩，一切的色塵都變成眼根，那就根塵合一，這就叫定，這也叫三昧。正定、正受是三昧的意思。

把三昧說通俗一點，你把事轉成於理，眼根不住在六塵境界，入定、心專注一境。舉例說，你的心想別的事，專注的想一件事，想得專一了，眼前的所有事物都不知道，乃至於你的爸爸、媽媽在你眼前走，你也不知道！不是不知道，而是你不注意，心裡頭沒起念，眼前境界都寂定了，因爲你的心想到別處。往往人家正跟你說話，正跟你談一件事，心裡想到別處，因爲這人談的話不是很要緊的，心不在焉！突然間你的思想想到一件事，眼根定了，眼前的事物都看不見了。當你專注一境，耳朵聽的聲音沒有辨別他的聲音，那只是根對塵，根對塵什麼作用都沒有，中間有個識，這個識分別，這個識定了，識即是心，心即是識。識心的作用專注一境，想一件別的事去了，眼前這事沒有了，這個境界大家都有過。身也如是，身體只能做一件事，不能偏一切處。

爲什麼？你沒得到大定！若得到定，身能偏一切處，能起一切觀照。那些證得心性的大菩薩，縱然有千百萬億無窮無盡的事情，他能偏於十方，東方入定、西方出了，眼根入定、色塵出了，出定的意思就是，在眼根入定的時候，它的作用起到色塵上，其他的六根都如是，舉這一根就知道了。根對境，是觀照和定，是智慧跟心體！大家讀《心經》的時候，觀自在菩薩就是這個功夫。深般若就是智慧、觀，照見色受想行識五蘊皆空。這是什麼力量呢？觀力量。因爲觀的力量，所以能夠成爲自在，觀自在。

起觀照的意思就是智慧，大智現前，這個智慧是哪起的呢？是大定起的，定能生慧。這個智慧是行深般若波羅蜜得來的，是深般若波羅蜜，不是一般般若波羅蜜！深智慧照見一切諸法都是空的，那就入定、回歸心性。在色根上入定、眼根上入定，出定也應該在眼根上出，爲什麼從境出呢？我們經常說一心萬法，萬法一心。在根入定、從境上出，境也是心，根也是心，這個首先就告訴你，根境是一個、不是兩個。

從眼根入正定、從色塵出，色塵是境，眼根是根，根和境就是一個心。再開闊一點說，經常說緣起性空，色根是根，對待一切塵境的形相，那就是塵，他是一個不是兩個！根對於境，境即是心，心即是境，這叫根境唯心。心是因，根、境都是緣，緣促成了因，叫緣起性空。緣起諸法沒有體性的，心性是空的，空的還有什麼障礙嗎？都是空的，根也空、境也空，所以說根境唯是一心，緣起無二，在理體上講是通的。

從耳根入定、色塵出定，都如是，聲也如是！色、聲、香、味、觸、法這六對，全是這麼一個意思。在《楞嚴經》上說，觀世音菩薩從耳根圓通，耳根對著外頭色塵，一根得解，一個解開、六個都解開了。根境無礙，根和境全是事，這些事是依著理上而起的，事依心起，心生則種種法生，心是理，所起的分別事相就是事。在事上入定，事即是理，在事上入定了，心入於事！在境出也可以，在心出也可以，反正理事二種大定，都是無礙的，分別事和理。有時在理定，在理上入定了，在事上出；有時在事上入定了，在理上出，就是理事無礙，看以哪個爲主。一個是觀，一個是定，就是分別事相，那就說是色塵，根也是塵。現在若分別根是根、塵是塵，其實是一個。這就是理事無礙觀，或者說事理無礙觀都可以！你先分別事和理，從事觀起或者從理觀起都可以，因爲無礙了，心境無礙。事是俗諦，理是眞諦，眞俗無二。往往在名字上，在這部經講的名詞不同，在那部經講的名詞又不同，就是一個，換個地方都不認識了！我們叫搬不得家，一搬家了，六親都不認了。

我們經常是單打一的，有時候說眞諦、說俗諦，但是這個地方說定、說觀，你若學通了，名詞怎麼變化，理事一致，理無二致，事有千差萬別，理永遠沒有的。爲什麼智慧要分別事智？入理智、入事智，理智是無生，事智是緣起，緣起就是生。

約理觀也好，約事觀也好，唯是一心，這個一心能夠轉境，境是事，把境變成理，把事都變成理，外頭那個境也是理。你若能轉得動，你的肉體身能夠飛升、能夠無礙，門鎖著你能出得去，門也是理，把它轉成理，它不能給你作障礙。所以從定起，從定出，六種都是這樣的，六根對六塵都是這樣的，一個觀事，一個觀理，理事無礙。一個是分別事相，理是無相的，一說到理就是空義，一切法隨便你舉哪一樣事物，即具足理，也具足事。這麼一張毛巾，在事上有這毛巾，它有作用，在理上沒有，是空的。

能夠轉一切事成理的時候，道理就相當的深了。這個道理你若懂了，看那深的意思，生死即涅槃，我們這是生死當中，肉體即是法身，煩惱的時候就是大智慧，煩惱即菩提，這是成就說、果上說。因不成，你的功力不夠，你沒有轉動，沒有把全事都變成理，全理成事。

《華嚴經》講的就是這個道理，隨便文字怎麼變化，「無不從此法界流」，就是緣起。眼根對塵，這些都是緣起法，那就是「無不還歸此法界」，根塵無礙、理事無礙。起定就是入定，起即是入，入定的時候就是起定，這個道理在這一品沒說，前面〈普賢三昧品〉就說過了。

一般人以為入定，什麼事都沒作，不是的。大菩薩入定，盡十方偏法界都在度眾生。普賢三昧不是這樣？《華嚴經》從始至終，普賢三昧都在入定！但是既然入定，可是利益一切眾生，事即理，理即是事。為什麼我們說學法要利益眾生、弘法利益眾生？你自己修行沒有？問題就在這裡，不是緣法好不好，而是你做沒做，你都沒做，說出來效果不大。諸佛之所以能教化眾生，是因為他自己修成了，自己在做。

因此，要懂得無礙的意思，什麼無礙？心無障礙，起定、入定唯是一心，講理、講事也是說一心。因爲從事起的入理，從理起的入事，就是從事起和從理起，從事起入於理叫事入，從理起入於事叫理入，從事起入於理。若把這個反反覆覆明白了，你就都明白了，明白是一回事，證得又是一回事。

我們知道我們就是佛，這是理，事上什麼作用都起不到，連自己的煩惱都斷不了。明白不等於證得，明白還有一個過程。肚子餓了要吃大米飯，大米飯怎麼來的？說遠一點，稻種種下去，還得經過雨水，經過人工撫育，長出來稻子了，稻子結了果還得把殼去了，還得脫殼，然後才成稻米。當入嘴、吃的時候，還得加水、煮熟，這過程你都得會。看著是小事，沒做過飯的，多少米要摻加多少水？不是把飯燒焦，就是把飯煮成稀飯，沒做過的你讓他煮去吧！看別人做很簡單，把水一倒、把米下鍋一煮，悶的恰恰合適，很好吃，你做就不見得，不是水大就是水少；不是火大就是火小，火小燒生，火大燒焦。

每一個事物看來很簡單，等經過他的歷程，很不簡單。就說我們穿的衣服，不管是化學的、是棉花的，衣、食、住、行都如是！你把棉花種到地裡，本來都是植物，爲什麼都是在大地種的，這個就變成棉花？種子不同。把棉花做成衣服，要經過好多道手續，每一件事物都如是。特別是你看人的生理過程，看起來都是事，都有個理。動過腦筋嗎？小孩生下來，不會動也不會說話，他可會哭！你惹他，他煩惱了就要哭，一小就這樣子，冷了也哭，餓了也哭，他的表現態度就是哭，別的他沒辦法，他不能說。大了就不同了，逐漸發育了，等到長大成人，各走各的路！各自依著過去自己的業，各走各的路，知識的發展、人生的發展，這是事的過程。

理呢？理昏了，沒有理。爲什麼大菩薩的受生不同？他那個業不同，沒有那個業。爲什麼釋迦牟尼佛一下生就能走七步，一手指天一手指地？這是他的業，無量無邊的人，只有釋迦牟尼佛下生一手指天，爲什麼他不同？每個人都不同。有的一班同學五十個人，各個不同，不能說平等，望子成龍望女成鳳，辦得到嗎？他有他的業，誰都想讓孩子考第一。五十個人只有一個第一，都當第一，第五十個誰去當？我跟一位大公司的董事長研究，別認爲自己了不起，沒有那些職員，你能幹什麼呢？哪個錢是你掙的？都是大家給你掙的。你拿的多，因爲你有本錢，他們拿的少，光出力、不動腦，拿的非常少。沒有腦子、沒有理，你能成嗎？這叫理能成事。

任何問題，經過學習，體會到一切事物，從出生、發展、成長到消失的過程。我們從發心出家、修道，這個過程可長了，一直到成道！成道的過程一段一段，這一段變成男的，從小到老，死了又變成女的，他沒當過女人，他得變一變，知道女人是什麼樣子。然後女人又死了，老的、小的，有中年死的也有老年死的。過去中國有句俗話：「老而不死是爲賊」，老了都是賊嗎？不是，而是說他知道的事物太多了，非常的奸，奸就是狡猾。老了，說話或幹什麼的，他不給你肯定了，滑頭滑腦的。你跟他辦個什麼事，「好吧，等我想一想、研究研究。」不肯馬上答覆你可以不可以。明明這事他可以做得到，他也不這麼說，「等我考慮考慮、等我想想、慢慢辦！」說的話，模稜兩可，滑頭滑腦，爲什麼？他的經驗多了，知道吃虧上當的事不少。

學佛也如是，事有千差萬別，理呢？理無二致。事入於理，同一了，那叫同一體。一切都以理辦事。這是什麼？有智慧、有定力，又有定力又有智慧，智慧跟定力合成一起，才能究竟成就。從文字上講，那就麻煩，得一件一件給你說得清楚。若修行的過程，看來入定了，怎麼入的？因爲定了而能生出智慧，定跟死不一樣的，定了看他不動，他那智力偏於十方。

我們經常說的：「老僧入定！」老僧入定不是不作事，他用智慧觀照去作，那叫神通，那叫妙用。你看他在這兒坐著，他在上海開公司！同時，那個地方化個身開公司，那個地方化個身，當船長、開輪船！在那個地方又駕駛飛機！無量的事情，他同一個時間做，這得靠神通，這叫「神」。一般人做不到，一般人不理解，這叫「神」，「通」是沒有障礙，幹什麼都沒有障礙。

如果我也如是、你也如是，神通沒有什麼奇怪的，大家都這樣子。倒退五百年，有一個人開飛機的，不說他是神仙才怪呢！飛機多不自在，因爲它被機器操縱，稍微一不幹什麼，自己掌握不了。昨天在包頭，一架飛機掉下來，死了五十多個人。

你駕駛不了，正常的運轉你能駕駛，意外呢？神通可不是這樣，他能把這個世界、這個地球給轉了，轉到無量億的世界，把你安排到那去了，你根本不知道，你怎麼知道呢？這叫神通。這叫大的神通，不是一般的。所以學定、學事、學理，最初我們講的是很深的，要結合現在的生活！看那個不能動的人，你這能動的人，就是神通，那叫病態。我們所說的病態，就是我們佛教所說的「業障」，業都把你都障住了，本來你都具足的，但是沒有這個業，就是勝業沒有了，被你的生死業代替了。

講入定，或者從事上入，或者從理上入！事上入的時候，必須以理成事，理上入的得靠事上來顯，這叫理事無礙。根是理，事是境，境入定了，先得從理上起定，理上入定了，從事上起定。爲什麼？理即是事，事即是理，根即是塵，塵即是根，這個大家可能不大理解。有這麼句俗話：「三寸氣在千般用，一旦無常萬事休。」我們靠著一口氣，什麼都能做，這口氣不來了還是你，沒有那口氣不能支持你，不能運轉了，倒下什麼都不做了。有口氣在，身不腐爛，沒氣了幾天就爛了，爛了消失了，爛爛地就化了。這經常用在白骨微塵觀，觀你的肉體變成骷髏，把皮、肉去掉，骨頭架都是一樣的！連骨頭架也爛了，什麼都沒有了。

因爲這個是事，事一定會消失的，理是永遠不會消失的！理又變個事，這個事沒了，另外事又來了。我們道友經常講：「我很煩，想安定一點。」我說：「等把肉體沒有了，再安定吧！」永遠安定不了，怎麼樣安定呢？就在你作事的時候，心裡安定了，這個事就安定了，這叫定。所以，你把定和出定、理和事、心跟肉體，經常這樣想，看這些文字，你進入不到的，用到生活當中的現實，心裡經常這樣定下來。不是叫你入定嗎？不曉得你們念經念得有沒有這種火候，念經、念佛的時候，念念念，好像不知道自己現在在念經，這是念經的時候入定。等到一驚醒，並不是睡覺，睡覺打磕睡跟這個不同，一驚醒，經全念完了。同時念經！本來是念的〈華嚴三品〉，因為你經常念《法華經》觀自在菩薩的〈普門品〉，兩者合起念的，念這部經的時候，怎麼念到〈華嚴三品〉，都背會的！念〈華嚴三品〉又背到〈普門品〉上，交叉運行。這叫定中同時頓現。好像念一部經，三部經都在念！這部經完了，那部經也念完了，今天好像很快活，很輕鬆就念完了，這是頓現。有時這部經念完了，再念那部經，那部經念完了又念那部，時間就長了。

以前跟大家講過，有位老和尚從天王殿走到大殿之間，他把一部《華嚴經》念完了，這是頓現、頓念。我們沒有這種境界。就像這個入定似的，一入定並不是停止不作，一切佛事都在運轉，文殊菩薩不就在這兒嗎？文殊菩薩還在不動世界，根本沒有動。在五臺山辦這麼大一個道場，這麼多人，到處都是文殊菩薩，《華嚴經》說了那麼多，他在不動世界不動，佛不動連這些大菩薩都不動，事上動、理上沒動。觀世音菩薩在極樂世界沒有動，我們可看見他在娑婆世界顯現的大神力、大慈大悲，都如是。這種道理就靠觀想力，現在在文字上是從事上，從根和塵來說的。大菩薩在本世界，到一切世界做去。

大家都念《彌陀經》，你觀想過嗎？爲什麼早上吃早飯的時候，到十萬億佛那兒都供完了，回來還趕上吃早飯？怎麼去的？神通再大，還得走一走吧？還得作意吧？沒有，他沒動，動了去不了，心裡一作意就到了。我們沒有神通，說沒神通的，你到過太原，或者到北京、到過哈爾濱，或到過美國紐約、到過舊金山，到過加拿大、到過溫哥華。五大洲都到了，但是你坐這一想，頓現。我們凡夫把所走過的地方，坐在這兒一想，一會佳木斯一會哈爾濱，一會吉林一會瀋陽，頓現，這叫頓。這一作意都現了，哪個城市、哪個街道。說那太遠了，太遠了就普壽寺，你這一坐，戒研部、戒律部、淨土部，往這兒一坐、一想，都看得見的。眼睛看得見的、看不見的，看不見都是意念，都到了，這叫頓。漸呢？一個一個走。

剛才講，眼根入定色塵出，色塵入定眼根出，不是的！六根同時入定，六根同時出定。到後面講頓現、頓入，這種更深了，全理即事，全事即理。學這個有什麼好處呢？斷惑不是一個一個斷的，而是頓斷！爲什麼禪宗講頓超直入，立證菩提？一念、一入、一證，一證一切證。心空，心空就是理空，理空事全不立，全事都變成理，這是頓入法門。在《華嚴經》，一微塵裡能現寶王剎，三千大千世界，一個微塵，這是頓，這個微塵就是一切大總相法門體。

從現在開始說起，你說我們心大？還是普壽寺大？普壽寺大吧？你一想，五臺山都在你心裡頭！普壽寺當然很小。說你的心大吧？你現在連身帶心都在普壽寺、在法堂裡頭！你怎麼把它打通？打妄想，你們打過極樂世界的妄想嗎？沒有到過極樂世界，你怎麼想也想像不出來，你想的全不是的。你沒到過的地方，怎麼想也想不出來，就是這個目的，過去你沒有這個經驗，怎麼想也想不出來。說作夢，你所夢的夢境都是無量劫來經過的事，絕夢不到你沒做過的事，沒這個經歷你夢不到。因此，你把這個境，境即是事，和這個心，心即是理，把它經常這樣觀想，有時候互相攝入，境變成心，心變成境，究竟是怎麼回事？變化的。

有人夜間作夢，他因爲心裡想，明天早晨家裡要辦什麼事，會來很多人，要用水。他心裡想：「明天早晨得起早，把水缸塡滿。」因爲那時候我們沒有自來水，哪有自來水？也不是放管子放的。他這一想，夜間或者早晨起的很早，他把水缸挑滿了，但他還是作夢。早晨醒了，他起來趕緊要挑水，一看，他那鞋都是濕的，一看水缸是滿的，已經挑滿了。這個怎麼樣理解？這是事、是理嗎？確實是事，水挑滿了，是他自己挑滿的，挑完了他又睡覺，睡覺又醒了，他忘了。

講這個道理是什麼呢？理就是事，事就是理。作夢不是現實，他就是現實；你說是現實嗎？他可是在作夢。相信嗎？你可以用許多境和事，用自己所經歷的，自己認證，你這樣體會非常恰當。等心不亂的時候，智慧現前。你說不出是怎麼回事，說不明白。你們若叫我說，我也說不明白，爲什麼？就自己的事，到現在還不明白是怎麼回事，因爲我還糊塗，還沒修成！沒學過東西，我怎麼會？我會的東西爲什麼會沒有了？什麼道理？我們說定慧現前、不現前，不可思議！你用腦子想，想不出來了！等要用的時候，就用上了，它就現前。

爲什麼這樣說？有時候講經，講下來我自己聽，這是我說的嗎？莫名其妙，這話好像不是我說的，哎，錄音錄下了，這是你說的！但是再讓你說，說不出來，當時說得出來，當時過了說不出來。這是怎麼回事？是瘋子嗎？不是的。這叫業不由己。自己的業，有時候你做不了主，我們說自己還做不了主？大家想想吧！自己的事，做不了主的太多了，不是一件、兩件，每位都有。說：「不要想，這是壞事！」你越不要想，那個心越要想，我想每位都有，你要想那個想不到，哪個不想發財？都發財了誰受窮？除非生到極樂世界，沒有窮沒有富都一樣了，這個世界絕對不行的。

人人都想有子孫後代吧？除了我們和尚。我們和尚也想，我們這個寺廟是長期的！我們要收徒弟。那還不是一樣，一代一代的。這個好多問題，你沒有到「心空及第歸」，沒有到理事無礙，做不了主。所以，爲什麼要修？修要能自己做主。什麼主呢？業。自己所作的業，看來是我們對自己所作的業能做主，實際你做不了主，相信嗎？諸位道友都想成佛，做得了主嗎？大家都知道我怎麼怎麼修，現在學了，第一個持戒，我不犯，做得到嗎？諸位有一個說，三聚淨戒都是清淨的，我看一位也沒有。比丘、比丘尼戒，你可以，可以你也做不了，沒辦法！菩薩戒根本辦不到，不犯戒，你起心動念，醒著能控制自己，睡覺你可控制不了你了，你的心不是你所能控制的。業由心起，所造的業都是由心起的，自己的心自己做不了主，信嗎？信也得信，不信也得信，就是這麼回事。

我們發菩提心，信三寶不退心，有抱怨吧？唉！我這麼多苦難，天天拜佛，佛還不加持我。好多人都這樣有過，遇到災難了，念佛念的，怎麼也不靈了，痛也止不住，特別是將死、八苦交煎的時候，能做得了主嗎？

這叫什麼？法界緣起。在一切境界相上，不能自在，菩薩不曉得修了好多大劫才能自在，大用無礙，作用無礙，你得修啊！這個得到了，那個還沒得到，斷煩惱證菩提，煩惱就是斷不了，菩提就是證不到。想過嗎？找過原因嗎？修觀，你經常這樣觀想過嗎？想過成佛嗎？成佛一定得發菩提心，現在能知道你所受的苦，或者所受的一些業報，你能找出原因，說我這業報是怎麼怎麼來的，要從根上把它斷了，以後這個業報不受了。爲什麼我定不下來？爲什麼我的眼睛要亂看？不是眼睛要看，是你的心不定！眼睛是沒得作用的，眼睛是奴才，心才是主人，六根都依著你的心！如果鼓樂喧天的音樂，多少個音樂，你坐這兒紋絲不動，心定了，這才叫功夫。隨音聲轉，隨著人家轉，體和用都是有礙的。

人家說起心動念，一起心動念，心就亂，起心動念心不亂，那就在定，那就修定。在一切境界、混亂、災難當中，你的心永遠是定的，你心裡想什麼？除非諸大菩薩、佛才能了解到，人天不能了解。現在我們做得到嗎？一起心動念、我們要表現，人家馬上就知道了，自己就告訴人家。說守密，沒一個能守著密的！他的臉、他的表情，早就告訴人家。他做一件密事，不讓人家知道，其實早就告訴人家，人家都知道，沒有秘密的。爲什麼？因爲他的心不是定，心不定沒有智慧的用，沒有那些妙用。我們這兒說心不亂，就是體永遠不動，那就達到了性空，性空不爲所動。觀空觀得成就了，空觀現前，空觀成就了，然後再修假觀，從空出假、隨緣，這都靠觀力。

講了這麼多的變異，就是根和境。根和境都是心裡變化的，若掌握一心，這叫正定，又叫三昧，又叫理事無礙，這就深了。觀是觀照，觀照是動，定是心寂不動。不動而起的智慧，智慧就是觀照。這有兩種，一種是照事，一種是照理。照理是根本智，照事是方便差別智，那就無邊的妙用，利益衆生的無邊妙用。

這是菩薩的境界，入了住位的菩薩。現在我們的信還沒有入位！應該從現實觀照起。我們總是要防備，不去作無益的事。大家在寺廟裡，住的很安定吧？這叫定。身不亂走、身不亂動，身定；心閑，心裡頭除了誦經、上課，每天照常都如是輪轉，你的心安定。身心安定，容易得智慧也容易了生死。但是你這沒有根，在廟裡還可以！若到了太原或者到了社會，大家不都想回家嗎？有時候一年，有的跟我說好幾年沒回去過了，那說明你的定力還不錯，但是心裡還在想，還是不行的！心裡還在想，只是心，身心還能安定。這不是正定，你可以從不正定而達到正定。回家試試看！到社會試試看！有時候你不也到太原嗎？看看定不定。這還說是到世間法，就在寺裡，再深入要求！你在寺裡一天，上課的時候，耳根在聽法，心根在入定。現在是用心聽？是用耳朵聽？如果用心聽，進入了，用心聽不用耳根聽，進入什麼呢？進入正定。用耳朵聽，這個耳朵進來，那個耳朵出去，他沒定沒入，這就是有定力、沒定力。這個說大一點，叫「法界緣起」。

心被境轉的時候，在轉的過程當中心能定，不想我也得一份。我曾問過好多弟子，看戲、看電影，往往就把自己加入了，情愛的也好，戰鬥的也好，不管什麼，買票看足球賽，他若想哪邊勝，心裡就入到裡頭。雖然沒去打球，也沒參加運動員，心裡是作用了，身雖沒有動、心早已動了。這個要靠什麼呢？靠你的觀照功夫，在緣起當中能夠自在，菩薩能達到，他所起的作用無障礙，色聲香味觸法，他不動心，心不動叫正定；心動就不定了。那是什麼呢？功夫還沒有到。

現在我們講，一個正定，一個修觀。十住位的菩薩，現在能夠在體用上相似無礙！眞正的得登到初地、到十地，一分一分的無礙，不是一下子圓滿，《華嚴經》得到十一地才能究竟圓滿，圓滿是什麼呢？觀照及定力，觀照即是定、正定，正定即是觀照。體即是用，在用上把體顯出來，用上顯體，體能成就你的妙用。現在我們的體成就我們的修行，成就我們的信心，使我們能登到初住。從住一位一位的，乃至到最後的十向，而後進入初地，眞正的證得。但是中間不會障礙，不會墮入六道，也不會墮到二乘，不會墮到聲聞緣覺，不會退墮。

住的意思，表住不退，住到什麼？住到無住上。沒學法的人聽到了，他感覺非常的怪，這位和尙說什麼話？住還要住到無住上？無住還住什麼？無住才是眞住。說的一切、見的一切都沒有，要你入般若智空。這個在般若部，發明的特別多，給我們啓示，讓我們進入。說一切法的時候，無一切法可說！在無住的時候住於一切，在空的時候，那就不空，產生一切妙有！你若能信，只說是信，還沒說你用，你會產生無礙的作用，這要靠自己多思惟，多觀照。

根和境相對，乃至境跟境相對，不說根！境跟境相對的時候，就是色塵入正定，色塵就是境，入正定的時候，對的還是境，聲香味觸法的一切境。一根入正定，多根從定出。在色塵上入定，在一切色相上出定。功力用到這樣子，一切法皆爲我所用，不被一切法轉，一切法都成我的妙用，這就是佛。心被境轉，現在我們的心，隨外面的客塵境界轉，你就是衆生，沒有道力。心能轉境，把一切境界都轉變成你的心，即同如來。用我們教義的話來說，心即是境，境即是心，根本就是一個，沒什麼轉也沒什麼不轉，這叫根境一如，一如叫什麼？就是正定。

不住色生心，不住聲香味觸法生心，心無所住心不生，才達到無生，無生故才能無滅，有生必有滅，無生才能無滅！無滅而生的生，生即無生。從文字上，用你的思惟去想，遠的想不到，想自己這個身體怎麼生起的？參禪的經常參這個問題，說父母沒生我的時候，我在哪裡呢？生我之後我又是誰？我是我嗎？這是禪宗觀照的意思，「念佛的是誰？」「誰在念佛？」在這兒找到了，這就叫開悟，找不到照樣的迷，照樣的去參吧！當你做一件事，誰在做？手裡拿一件東西，手拿嗎？心在拿嗎？心若不支配手，手不會拿的。手若不拿，又表不出來心的作用！這個心哪！現在就要拿這件東西，拿毛巾要擦臉幹什麼的，心裡有這個作用，手就會動，心裡沒有這個作用，手不會動的，心裡起作用、手拿了，拿完放下了，這個時候就沒有了。

如果把一切事全放下了，怎麼樣放得下呢？看破了。萬法歸於心，心生萬法，萬法都歸於自心。一切都放下了，回歸自心。自心無住，但是無住而住，無住是本體，根本的性體。隨緣而住，住就是隨一切緣起法而住。在思惟當中，你想的都是這個問題。到法堂來聽《華嚴經》，聽即無聽，聽就是沒聽，無聽而聽；無聽而聽就是用歸於體，聽即無聽，體常正定。體，心裡常入在正定中。這些話你若進行思惟，思惟了演變了，演變的時候就叫隨緣，讓它不演變，心性常住。無相無住，應無所住而生心，生即無生，無住生的心沒有生。再隨著一切緣起演變，那就無窮無盡的，這叫法；把它收回來，還是一個。這一個也不立，沒有一個專注的一境，一切境都是，才能徧哪！住一了，別的就不能徧，這種道理叫思惟觀照。這個觀照是從三昧起的觀照，三昧起的觀照還歸於三昧，正定而起的觀照還歸於正定。

明白這個道理，一切憂慮、思念不再生起，生起的即是妙用，妙用歸於本體，心不生滅，讓你的心住於不生不滅中。萬緣皆盡，一切緣都盡了，達到了眞空不動！眞空不動而隨一切諸法之緣，就是緣起諸法，緣起諸法依心性而起，還歸於心性，這才達到空、不空。空是眞空，眞空不空，而產生隨緣的一切妙有，妙有是緣起的，不是眞實的，妙有非有，加個「妙」字、加個「眞」字！在《維摩詰經》、《瓔珞經》、《莊嚴經》、《眞實名經》以及千部的經論，都如是。不過方式、方法、運用、啓發的過程不同，究竟是一個！是爲了達到眞實，達到你的自性本體。

從學習當中，學習的目的就是達到這個目的。如果大家多了不好觀，觀一個性、觀一個相，就倆個就行了，相就是一切塵境，外面一切境界相，或者好的、醜的、惡的，這些都是假名。在色相、色塵之中，種種相種種名，都是假的。它的性呢？可是眞的。在一切色上，達到總持一切色塵的相，那是色陀羅尼自在如來，一切相的自在，陀羅尼也是總持，總持就是三昧，這樣子你漸漸就能入。等到煩惱的時候，你不高興了，把正念提起來，坐一坐、想一想，雖然沒悟道，心裡很清涼的。

你求一件事，達不到目的很煩惱，你不求他了，放下吧！管他去！天下太平。越想方法，那些方法都是妄的，達不到目的，眞正達到目的，不想了、放下了，想不到不想了，靜下來，你觀吧！等你修道時，你想的那個達不到的，它來了，幹什麼？干擾你，不讓你修了。業障又發現，達到了，達到什麼？業障。這回就造了業，造了業就障住，障住還解脫嗎？當然解脫不了，就束縛了。

大家學習的時候，深的很不容易達到，就回頭從淺處入手，那就容易達到。別鑽牛角尖！怎麼叫鑽牛角尖？想不通，你還盡著想，前頭無路可走，你還要走，走不通的。怎麼辦呢？回頭吧！「苦海無邊，回頭是岸」，再回來就解脫了，大家這樣觀想試試看吧！當你求一件事求不到，求不到很苦，你不求了，那不就解脫？你不求它，它又來了；你不找它，它要找你；你找它辦不到，你不找它、不要了，不要了它又來，逗你生煩惱，好多事都是這樣。

在日常生活當中，先不講《大方廣佛華嚴經》、《楞嚴經》、《妙法蓮華經》，就現前的事實，「善用其心」，把你的心調伏得很好。達不到空，你的煩惱空不到，那你就不要它空，回來了，不求了，這叫放下。放下就自在，它又不讓你自在，你求達不到，你不求了它又來了，還是讓你煩惱。明白這個道理嗎？反反覆覆。這叫什麼呢？思惟修。思惟修產生智慧，有了智慧，再回照所作的事，那就解脫。有智慧的作什麼事都是解脫的，不是束縛的，沒有智慧，你作什麼事都是束縛的，作什麼都是彆彆扭扭。有福報，你不求它來，沒福報，你求也求不到。

我看故事書上說，有一個人做了多少世人，都是作好事沒什麼惡的，生生世世都變人，但是最後死的時候都很痛苦。這次又到閻王爺那裡，閻王爺還是叫他去投生。他說：「我不投生了，感覺太苦，我不要作人。」閻王爺說：「你的業是這個業，我不能給你別的。你有什麼要求？」他說：「我想，做一個快樂的人，那我就去。」

閻王爺說：「怎麼樣快樂呢？」

「家有千頃靠山河」，我家有一千畝地，靠著山不會澇的，靠著河不會乾旱的，旱澇保收，旱我有收成，澇我也有收成，財富很大哪！然後，「父作高官子登科」，我的老爸是大官，我的兒子又中狀元、登科了，什麼事都不幹，我要享受。然後還要好色，「一妻二妾三房小」，一個老婆不夠，二個老婆、三個老婆，閻王爺說：「有這事，閻王爺都不當，我先去了，還讓你去？」

那是看著笑話，我想這個人的願望太奢了。現在像他這樣求的，好多國王、轉輪聖王、天人都比他富得多吧？何必還要求？在佛教裡，隨便種點小善根，佛教的人不想這個，天人都不作，還要作這個嗎？這是非分的妄想。

因此要經常發願，可不是想這個，發願要什麼呢？身入空門，證得空理。入空門是一句話，證得空理是眞實。你總想證得空理，空理可不當什麼事都不作。證得空理，而後由空生起的用，這個用都是解脫的。先有個本體是空的，然後起解脫了，解脫就自在。自在是怎麼來的呢？是每天自己要求，看破一點，放下吧！達不到目的的事，不要去求它，求到了也是沒有，而且造了很多的業，然後又要自己去受。心裡常時這樣想，你的相貌就告訴你，內含有德，外現就是自在的，煩惱自然就少。若貪瞋癡漸漸減輕了，煩惱不就少了嗎？經常這樣的緣念三寶、想念三寶，深的想不到，想淺的！眞佛看不到，看個像也好！有的連像都看不到，看到也不認識，或者還造業。遇不到聖人，遇到凡夫、道友也好，退一步海闊天空，不要想得太高。我們有好多道友不是想得太高了，就是想到造業上，不要想得太高了。因爲我們現在是人，先作人事，把人事作完了，就成賢人，賢人作完了就成聖人。

說立地成佛，我在臺灣的幾個弟子，到高旻寺打禪七，給我打電話：「老法師，我要立地成佛。」我說：「好，你成佛吧！我向你學習，你就當我的老師，我當你的學生。沒有關係，我們可以調換！」說得多好聽！說大話，我比誰都會說，天天講《華嚴經》還不會說大話？給你兩耳光就放不下了，大話好說，大事可就難得承受。心裡頭不曉得怎麼來一股煩惱、突然間病了、自己突然間心裡生自己障礙，這是自己給自己找麻煩，現在自己給自己找麻煩的人非常多，想要清淨無爲的很少，希望大家都是清淨無爲。

童子身中入正定　壯年身中從定出
壯年身中入正定　老年身中從定出
老年身中入正定　善女身中從定出
善女身中入正定　善男身中從定出
善男身中入正定　比丘尼身從定出
比丘尼身入正定　比丘身中從定出

比丘身中入正定　學無學身從定出
學無學身入正定　辟支佛身從定出
辟支佛身入正定　現如來身從定出
於如來身入正定　諸天身中從定出
諸天身中入正定　大龍身中從定出
大龍身中入正定　夜叉身中從定出
夜叉身中入正定　鬼神身中從定出

前文是講六根互相入定出定，現在這一段經文是在各各不同的種類、不同的身體，入定從定出。以前是見境，以境無礙入出定，現在是以身無礙，菩薩化現種種身。說他轉變的迅速，也就是變化力很強。菩薩把一切衆生身，都作爲自己的身。我們現在念的有十種身相，他在這個身上，在彼身入定在他身出，他身入定彼身出，一切身自在！哪位菩薩在我們身中入定出定了，我們不知道，一切衆生沒有感覺，這是菩薩的自在。

經常說魔鬼附體，魔鬼附體了，你的身就不自在，菩薩在你的身上入定，沒有感覺，還是自在的。這些是從他身得自在，不覺自身入定出定得自在，一切衆生身中都得自在，說明菩薩能化現一切身。不是應以何身得度者，即現何身嗎？當你的修行功力與菩薩相應，菩薩才在你身上入定出定，文中沒有說的，在一切身上菩薩都能得自在，以他身上得自在。這一共有六頌半，一頌是四句。但是，菩薩在他身入定的時候，他的身並不覺察，菩薩在我們身中入定，我們並沒有感覺！在你身上出定，你也沒有感覺！這是應度者，應度者就是菩薩要化度你，男女相、天相、人相都沒有，一切衆生相都如是的。

鬼神身中入正定　一毛孔中從定出
一毛孔中入正定　一切毛孔從定出
一切毛孔入正定　一毛端頭從定出
一毛端頭入正定　一微塵中從定出
一微塵中入正定　一切塵中從定出

毛孔是正報，微塵是色相，這是無情的器界。在有情、無情之間，入定出定都是自在的。這說明什麼呢？境界無礙，任何境界相入定出定都無礙的，自在偏。我們前面講深切的理，大家就懂得了，理偏一切處，所以菩薩在一切處能入定，能從一切定中出。因爲事就是理，一切事都變成理。怎麼變的呢？菩薩正定三昧力，一切事物都無罣礙。這怎麼理解呢？諸法無生故，一切諸法無生，菩薩也無生，無生而示現的生！無生法中入定出定，哪有個處所？處沒有了，處就是定，定就是處。根、身、器界，前面只講根，而後又講身，再講一切器界，器界就是無情的，都是菩薩的入定出定。

這說明在有情世間、無情世間，菩薩的三昧力自在無礙。爲什麼我們講無相、空、無作？這都是自在義。這個自在了，因爲無相故，可以示現一切相，無作故可以作一切佛事，作一切佛事就是沒有作，作即無作！再重複一句話，無作而作，不假作意而作。後面〈十定品〉專講定，現在我們沒有講定，只說菩薩入定的時候，可以在一切時入定，一切處入定，此處入定彼處出，彼處入定此處出，無障無礙的。菩薩的身是普遍的，他的作用也普遍的，在十方剎海無處不現身，就是這個涵義。

一切塵中入正定　金剛地中從定出
金剛地中入正定　摩尼樹上從定出
摩尼樹上入正定　佛光明中從定出
佛光明中入正定　於河海中從定出
於河海中入正定　於火大中從定出
於火大中入正定　於風起定心不亂
於風大中入正定　於地大中從定出

於地大中入正定　於天宮殿從定出
於天宮殿入正定　於空起定心不亂

所有刹內的樹木、微塵、地、水、火、風包括在內，都是入定出定。法界身，以法界爲身雲，不異不分，沒有彼此相，沒有有情世間、無情世間、正覺世間，三世間一如，一切法一如。

是名無量功德者　三昧自在難思議
十方一切諸如來　於無量劫說不盡

這是總結，叫具足無量性功德。三昧呢？三昧是正定、正受。受如是，受就是用，出就是離，自在是不可思議的。

諸佛的功德、諸佛的修行，想要把佛的功德說盡，佛的功德說不盡！佛的定、三昧力也是說不盡，佛的用說不盡的。我們的用都是幹什麼？我們這個手，它的一切動，一天幹什麼？腳一天走路，這都是有盡的，可以說的；佛的定、佛的用，不可說。說這些有情、無情入定出定，什麼意思？形容佛、諸大菩薩利益衆生的時候，大神通力，不可思議。有沒有障礙呢？有障礙的，這麼大神通力，無緣難度，無緣還是不得行。

曾經有一位道友讀《華嚴經》，問過我這句話。他說：「佛這麼大神通力，我們信佛這麼多年了，他還不把我們度了？」「緣還沒成熟！」「佛到處都在放光，我們怎麼沒見到？我們皈依三寶、出家好多年了！」佛有這麼大的定力，這是說好的方面，若說我們的業障，業障的力量比佛的力量還大，佛還度不了，這叫業力。定中無盡，我們業力也無邊。這在《華嚴經》講，「十寂用無涯三昧門」。

以下講佛的自在是同異無礙自在大方、入出隱現同時自在，但是隨眾生業的。為什麼隨眾生業呢？是遊玩嗎？無礙自在大方廣三昧門，出入隱顯同時自在門，它是隨眾生的業不同，隨眾生的差別不同。佛得的自在，是殊勝的功德。眾生也有，是什麼呢？是業。諸佛是能作的主，示現三昧；眾生的業，眾生作不了主。自己作業得自己消，佛不能幫你的忙，不能幫你消業！但是你禮佛、拜佛，認為是佛加持力，實際上是你的業障消失，是自己的佛、自己的德用現前。所以要自己拜，自己念！道要自己修，飯要自己吃才飽肚子，你肚子餓了，自己吃才飽，別人替你吃你管用嗎？別人把肚子脹破了，自己還在餓，這種道理應當懂。這就像發一種音聲，一定有回響。

這主要是靠思惟，靠自己作意去想。依著佛所教授的方法，你拿著去用，用了效果就出來，效果出來你的業障消失了，這些用你也照樣有。照樣有是說等你到了這步，你的業用、罪業變成功德，那也是妙用無方。

我們看《地藏經》、學《地藏經》的時候，所有地獄器皿，都是自己化現的，地獄有一張床一萬里！那張床，一個人看到自己坐那上頭，滿了，你的身體就是一萬里這麼大，「多人亦滿，一人亦滿」，這叫業用。業力也很大，能變化地獄，所有刑法，都是自己變化的。諸佛是勝業、功德業，凡夫的業報是自己造的業，諸佛的業用是自主的、作得了主；凡夫的業用自己作不了主，自己若作得了主，誰願意下地獄？誰願意受苦？你作不了主。在下大雪天，你說你作得了主，我不冷，穿個單衣在外頭站三個鐘頭，沒有關係，作得了主？作不了主。你不能把寒變成暖，也不能把暖變成寒，這些大菩薩的寒暖沒有了。什麼才能變得到呢？空了，沒寒也沒暖，什麼事相都變成自體。怎麼變的？修！當你入定就沒有了，一切外面的現相，境變成心。平常修是把我的心變成境，這叫轉化。

一切如來咸共說　眾生業報難思議
諸龍變化佛自在　菩薩神力亦難思

說這麼多佛功德，也說說眾生的業障吧！一切諸佛都這樣說，「眾生業報難思議」，也跟諸佛功德一樣的。「諸龍變化佛自在，菩薩神力亦難思」，龍有七十二變，牠可以變這個、變那個，什麼都變，但有一樣變不了。龍的鱗甲裡頭，有無量的小細蟲吃牠，牠癢的沒辦法，就到沙灘上打滾，讓沙子入到牠的鱗甲裡，解決牠的痛苦。牠有那麼大的神變，不能去掉身體受蛀蟲嗜身之苦。牠能變現人、變現鬼神、變現天人，不能離這個苦難。這說的神龍，不是一般的龍，而是神龍，天龍八部的龍，跟海裡的龍，跟畜生的龍不一樣的。人、聖人、賢人，那些菩薩是人，跟我們人不一樣的。

「菩薩神力亦難思」，諸佛能變化自在，菩薩學佛，等他有功力，也能變化自在。用譬喻顯示，只相似而已，否則顯示不出來。以下這個偈頌顯示的，拿天人、拿羅剎、拿大力鬼神來顯示，我們不知道，人間怎麼樣去理解他。《華嚴經》拿天、拿人的比喻，不是我們這些人所能理解的。給我們啓示什麼呢？有情眾生的業報，要多習定、要思惟、要靜慮，平常多觀照。

我們說觀就是靜慮，靜慮就是思惟修，思惟修就是你一天裡心想什麼，把你的心以佛所教導的如是思惟，轉變有情的業果，把眾生的境界轉變成佛的境界。眾生可以想到我們的神力，思想看不住，一會跑了，有時幾十年的事想起來了！胡思亂想的，想到未來如何如何，管不住你的思想。等降伏你的思想，管得住它，這叫什麼？叫定。這是我們所知道的，作一切事、一切動作，你可以控制它，身體的行動你可以控制它，但是思想的行動控制不了。你也有辦法，它來了你不繼續，一冒頭就把它止住，不隨它的演變而演變。它的差別相也很多，這叫什麼呢？這就叫定得住。

有些人說，這個人很倔強，倔強是指情緒上很彆扭。我說：「怎不隨他的定力強，讓他定下來？」想作的事，我偏不讓他作，心裡想作的事，偏不讓他作，制止他。學戒不是學這個嗎？你心裡想作的，「不行，犯戒了，不能作。」這就控制了，控制住、控制不住呢？控制不住就犯戒，犯戒就犯罪，犯罪就下地獄，不離地獄苦。勉強的控制，學戒學久了，功力有了，這個定力達不到嗎？控制那個不犯戒，還達得到！有些連這個也達不到，控制不住。爲什麼？定還沒有成熟，定力還不夠。定力不夠，沒有智慧。這一段的經文是隨三昧的變化，我們完全沒有力量。

從我們初步開始練習，先止外境。我們現在的方式是怎麼的？人家給我們說逃避，我們說躲避，控制它。我們雖不能轉環境，但能不被環境轉。但是我們能有力量，有什麼力量呢？自己選擇環境，這可以做得到的。你選擇出家，逃避世間，說是逃避吧？躲避！沒有力量轉化，我躲開行不行？躲開，躲躲的又想回去，很多人都是這樣子。當你出家的時候，出家是想離開家，然而控制一段時間，控制不住了又想回家，這個家不是自己的家，而是父母的家。自己出了家，沒有家庭！但是控制不了，又想還俗建立家庭，爲什麼明知道是受害還要去作？這叫業力。它有股力量，是你控制不了的，這叫業力。

諸佛菩薩度衆生，若學諸佛菩薩度衆生，你也要度衆生，你得示範！怎麼叫示範？教衆生不貪，自己得不貪！教衆生不貪、你却在貪，那衆生不信你的，一切法都如是。菩薩示現種種的神力，諸佛菩薩示現種種神力，把凡夫境界轉成聖人的境界。怎麼轉呢？靠著定，也就是三昧，靠思惟修、靜慮。常時這樣思惟，清淨了，你把渣子、不要的東西都濾出去。我們造一個業，受種種的報，造業的時候是一，受報不是一。一事如是，你做了很多的事，造了很多的業，那業就無盡了。

爲什麼？因爲你的思想有差別、生處有差別、環境有差別，你造的因差別，所感的果差別就多了。所以，你把它放下，全部放下了。主要是心，心不起念沒有因，果也就沒有，一切果都沒有！心起念，隨著念，念一定造業，造業一定感果，要把這個業控制住，因先控制住。因此說：「菩薩畏因，凡夫畏果」。凡夫受苦的時候，果報來了，他痛苦了、受不了。爲什麼不在因上制止？現在我們都在果報當中，也是造因當中。我們講諸佛菩薩的功德，這是果，果是由修道、聞法修道而證得的；我們這果報是過去的因，造很多的業，也就是作了很多錯誤事，現在我們受果了。

過去的因有很多的因，現在你受的果有很多的果。總的來說，有了肉體，有了人身，就是受報之處。過去那些因，現在受報就是這個肉體受報，不是一種，而是無量種。身體不好、害病，已經在苦果上，別再造因、造種種的業。舉例說，這病得用種種的藥，但是這個藥是殺眾生的，吃補藥、治病要害很多眾生，用動物來治自己的病，還造業，那病怎麼會好？這個病好了，那個病又來了，這個因了了，這個果沒有了，另外又造了很多因！很多因、果又來了，因果循環無窮無盡的。若想斷，先在因上斷。不要妄動、定下來，定下來你就生長智慧，有了智慧就能斷因，斷惡因、種善因，惡因斷了，惡果自然沒有了，你所作的善因善果就來了。懂得這個道理，就懂得諸佛的功德，有這麼大的功力、這麼大的定力，怎麼來的呢？是斷惡因，種善因，善因逐漸的感果，而出來這麼多的神通妙用。眾生專有的惡因感成惡果，也產生無窮無盡的痛苦，無窮無盡的報應。

以下按佛的殊勝力，再說說沒有到佛果位、沒有到大菩薩境界，二乘聲聞緣覺的神通，以下講他們的神通力。

欲以譬喻而顯示　終無有喻能喻此
然諸智慧聰達人　因於譬故解其義
聲聞心住八解脫　所有變現皆自在
能以一身現多身　復以多身為一身
於虛空中入火定　行住坐臥悉在空
身上出水身下火　身上出火身下水
如是皆於一念中　種種自在無邊量
彼不具足大慈悲　不為眾生求佛道
尚能現此難思事　況大饒益自在力

以前是顯菩薩德，現在說的是沒有成菩薩、沒有發大心，也就是聲聞的心。聲聞的得了解脫，他也能自在。我們有時候彈偏斥小、歎大褒圓。彈偏斥小，就是二乘的小果，在大乘經典裡批評他們，說他們不行菩薩道。因爲他已經得到自在，比起凡夫就不同了，他也能一身現多身；但是得入定，不入三昧現不了。他也示現許多身爲一身，在空中能入火定、能入空定、能入水定。上身出火下身出水，上身出火下身出水，表示自在意。他一念之中也能現無邊種種自在，但是缺乏什麼呢？沒有大慈悲心利益衆生。同時，他自己不求佛道，也不會勸勉一切衆生求佛道。聲聞不會勸你發菩提心，聲聞勸你怎麼樣住山、怎麼樣修道、怎麼樣自己了生死，從來不提度衆生，因爲他不敢度衆生。那些大乘經典、大乘教義，他把利益別人先擺到前頭，自己無所謂，勸一切衆生修道成佛。

大家聽到勸人家了生死的、得解脫的，大乘菩薩勸人修佛道，不勸你了生死，勸你成佛度一切衆生，讓一切衆生了生死，這叫大小之分。大小之分就在你的心，舉個例子：「世間很苦，你要離苦得樂！」說世間很苦，讓一切衆生都離苦。一樣的語言，一樣勸導入佛門，一個勸你成佛，一個勸你了生死。是勸一切成佛功德大？還是勸衆生只了了生死的功德大？

如果你修文殊法，或者修普賢法，教導時就告訴你，你念他的偈頌、修法的時候，不爲自己求人天福報、聲聞緣覺乃至權教菩薩，這些都不求，求什麼呢？唯一大乘，無上妙法，化度眾生，讓他們都成佛道。要發菩提心，要度眾生，究竟成佛果。一樣發心，一樣了生死，一個是了分段生死，一個是了變異生死，一個是不為自己了生死，但願眾得安樂，「不為自己求幸福，但願眾生得離苦」。兩種心都是入佛門，一個大乘一個小乘。二乘人認為他已經成佛了，他所見到的、所看到的、所聽到的，一天在佛跟前，佛示現的神通妙用，他並不知道，只看佛一天當中也是托鉢乞食，坐那兒打坐修行。他認為自己已經成佛，他有這麼多神通，也有這麼多不思議的事情，但是不用這個饒益眾生！那跟菩薩現的神通，前面講菩薩入的三昧，聲聞就不一樣了。

譬如日月遊虛空　影像普徧於十方
泉池陂澤器中水　眾寶河海靡不現
菩薩色像亦復然　十方普現不思議
此皆三昧自在法　唯有如來能證了

前面說二乘功德所示現的神通，這裡是大菩薩示現的神通，兩者是不一樣的。法沒有什麼大小，只是他證得一半，他那解脫，不是究竟解脫，因此就是聲聞與菩薩之分。

如淨水中四兵像　各各別異無交雜

劍戟弧矢類甚多　鎧冑車輿非一種
隨其所有相差別　莫不皆於水中現
而水本自無分別　菩薩三昧亦如是

「四兵像」是四種兵像，不是現在的，而是當時社會的現相。現在是導彈、原子彈，不是那個時候的刀兵水火。這是唯心識所現。當到最後了，拔棵草變成兵器，這叫草木皆兵，那是殺業過重的時候。

海中有神名善音　其音普順海眾生
所有語言皆辨了　令彼一切悉歡悅
彼神具有貪恚癡　猶能善解一切音
況復總持自在力　而不能令眾歡喜

拿海神來比喻行菩薩道，海神的神力不能跟佛比，不能跟菩薩比。但是他的神通很大，能引導海裡眾生，能一音示現，海裡眾生都能聞到他的法！但，他是海神，具足貪瞋癡，貪瞋癡沒有斷。他的通力是報得的，不是修得的，沒有三昧力。佛是總持三昧自在力，所以能令眾歡喜。

有一婦人名辯才　父母求天而得生
若有離惡樂真實　入彼身中生妙辯
彼有貪欲瞋恚癡　猶能隨行與辯才
何況菩薩具智慧　而不能與眾生益

有這麼位婦女，辯才無礙，名字叫辯才，是她的父母求天而生得的，是天人下降。這種辯才是報得的，不是證得的，是過去行善事報得的，不是證得三昧、得了福慧、智慧。「若有離惡樂眞實，入彼身中生妙辯。」「樂眞實」，眞實是空無相、無願的，是一眞法界所生出的殊妙辯才，跟那個婦女不同，她是報得的。修得跟報得不一樣，修得是斷了貪瞋癡，報得的還具足貪欲、瞋恚、愚癡，但是辯才無礙，「猶能隨行與辯才」。菩薩具足的是智慧，三昧生起的。他能給予眾生利益、度眾生，眾生聞到跟著他修，能得到他的利益。這是用天女的辯才比喻授法益生德，這是頓顯的。

譬如幻師知幻法　能現種種無量事
須臾示作日月歲　城邑豐饒大安樂
幻師具有貪恚癡　猶能幻力悅世間

況復禪定解脫力　而不能令眾歡喜

一位幻術師，學了種種巧妙變化的幻術方法，「能現種種無量事」，能現種種的世間相。大家看到幻術師，電視上經常有種種變魔術，因爲你不懂他的幻術法，你看見不得了！這是變化的。他受生死的約束，具足有貪瞋癡。只是使你示現歡樂而已，這叫幻術。但是禪定解脫力不同了，有了禪定、有了解脫力，那些示現的方法，能使你得到實際利益，什麼實際利益？離苦得樂。中國有很多祖師，特別是在蘇杭一帶的道濟禪師，那就是禪定解脫力，遊戲人間，能使你得解脫。

天阿脩羅鬪戰時　脩羅敗衂而退走
兵仗車輿及徒旅　一時竄匿莫得見
彼有貪欲瞋恚癡　尚能變化不思議
況住神通無畏法　云何不能現自在

拿世間種種隱形術，比喻菩薩的神通。阿脩羅跟天人打仗打敗了，他有種藏匿的方法，讓天人見不到，突然間他退到什麼地方不知道了。阿脩羅有貪瞋癡，他能變化得使天人找不到他，有這種不思議。大菩薩的神通變異，自在就超過這許多了。拿世間六道來顯菩薩的神力。這種隱形術，不是現在潛水艇的隱形術，也不是無影飛機。他是自然具足的，生到這一道，自然具足這種神通。阿脩羅有天人之福，沒有天人之德，因爲他好鬥！阿脩羅到人間是大將軍，戰鬥的統帥，這都是阿脩羅，不一定是天人。阿脩羅若到人間，他的福德沒盡，來到人間，但是好鬥。

釋提桓因有象王　彼知天主欲行時
自化作頭三十三　一一六牙皆具足
一一牙上七池水　清淨香潔湛然滿
一一清淨池水中　各七蓮華妙嚴飾

釋提桓因是忉利天的天主，他有頭象，象有變化也有神通，能變化三十三個腦殼。他有福報，每個腦殼，有嘴巴、有喉嚨、有牙齒，一一皆具六牙相，有六隻象牙。一隻牙上就能出七池功德水，「清淨香嚴湛然滿」。每座池子的水香潔、清淨、滿的，每座池中又各現七蓮華妙嚴飾，比喻定用自在德。

彼諸嚴飾蓮華上　各各有七天玉女
悉善技藝奏眾樂　而與帝釋相娛樂

嚴飾之具又各有七天的玉女，「悉善技藝奏衆樂，而與帝釋相娛樂」，這是象！

忉利天天主的象都能變化三十三個腦殼，每個腦殼都具足六牙，每隻牙上又現七座池子的水，水都是香潔、清淨、滿的。池子裡又有七種蓮華來嚴飾，嚴飾蓮華上又有七天玉女，這玉女又演奏一些樂音，給帝釋作樂樂。這頭象就能現這麼大的相，這是牠的報，不過牠是畜生。

彼象或復捨本形　自化其身同諸天
威儀進止悉齊等　有此變現神通力
彼有貪欲瞋恚癡　尚能現此諸神通
何況具足方便智　而於諸定不自在

牠能化自己的身跟天一樣的，「同諸天」，威儀、進止都同等，「有此變現神通力」，頭象具足了貪瞋癡，有貪欲、有瞋恨、是愚癡的，但是牠能現到這樣神通。菩薩具足方便善巧智，又得了諸三昧，神通不可思議。這些比喻形容菩薩的三昧力，讓我們相信諸菩薩的三昧力，一切神、一切阿脩羅、一切鬼神乃至畜生，都能示現這種神通力！菩薩的神通，入了三昧，那是自在的德，用這來顯現。

如阿脩羅變化身　蹈金剛際海中立

海水至深僅其半　首共須彌正齊等
彼有貪欲瞋恚癡　尚能現此大神通
況伏魔怨照世燈　而無自在威神力

阿脩羅能把他的身變成非常大，站到海裡，僅及他的半身，海多深，他的身也好大，他的頭跟須彌山齊。一位阿脩羅能變成這樣，那降伏阿脩羅、照世間的大菩薩，他的自在威神力，可思議嗎？不可思議！這是拿諸天形容菩薩的威神力。

天阿脩羅共戰時　帝釋神力難思議
隨阿脩羅軍眾數　現身等彼而與敵

帝釋天跟阿脩羅作戰，大家先懂得這麼個道理，凡說六欲天，帝釋天是第二天，六欲天裡的第二天。第一天是四王天，第二天是帝釋天，第三天是夜摩天，第四天是兜率天，第五天是化樂天，第六天是他化自在天。六欲天中的第二天，有男女、有生育，跟人差不多。第二天的阿脩羅，第三天、第四天、第五天以上的天沒有阿脩羅。阿脩羅只到第二天，他的善、德跟帝釋天差不多，但是，他的瞋恨心特別重，有帝釋天之福，沒有帝釋天之德。他經常爭奪權力，就像人間，爭奪國際、爭奪權力，互相作戰。帝釋天的神力，隨著阿脩羅的軍，好比十萬、百萬，帝釋天的天神，他能化現等阿脩羅數，這是神力示現的。

諸阿脩羅發是念　釋提桓因來向我
必取我身五種縛　由是彼眾悉憂悴
帝釋現身有千眼　手持金剛出火燄
被甲持仗極威嚴　脩羅望見咸退伏
彼以微小福德力　猶能摧破大怨敵
何況救度一切者　具足功德不自在

阿脩羅發了這麼個念頭，帝釋天若來作戰的時候，他抓住我身子，給我種種的束縛，阿脩羅有憂愁苦惱。同時帝釋天現有千眼，帝釋天能現跟觀音菩薩似的千眼千手，帝釋天手拿的都是金剛，金剛上出火。身上穿的鎧甲，阿脩羅見著就退伏了、嚇跑了。帝釋天，忉利天的天王，微小福德力，微小就是不大，是人間的福報，他猶能摧伏大怨敵。

前面是顯阿脩羅跟天帝共戰的時候，講天帝的威德。大菩薩救度一切眾生的時候，具足的威德當然是自在的，沒有不自在的。後面用這些比喻，解釋前面那個三昧力，爲什麼菩薩有那麼多三昧力？就用後面這些比法，來顯示菩薩的威神力是不可思議。用天來顯，沒用人間來顯，這種比喻我們並不理解，因爲我們沒見著帝釋天什麼樣子。在經裡頭這樣說，佛菩薩這樣給我們作說的，我們就相信，相信佛菩薩所教授的。人間的福力功德，是比功德的大小，比業障的深淺，他們還是有業障的，還是凡夫。天人是六道，天福盡了還要墮落，還要下地獄。何況出了六道的，那些大菩薩教化衆生的時候，自然的三昧力不可思議的，這是讓我們相信。

忉利天中有天鼓　從天業報而生得
知諸天衆放逸時　空中自然出此音

忉利天有種鼓，是從業報所生的。假使天衆放逸的時候，天鼓就自然出音，天人的業報所感，天人業報盡了，天鼓自然就響了。在經上多次引帝釋天，什麼原因呢？因爲跟我們六道輪迴、跟人間相接近。六欲天以上的梵天，梵天沒有男女相、清淨的，但是也屬於天道，他們都要墮落。福報盡了，業報就來了，照樣受業、受報，因爲他未出三界。

修聲聞緣覺乘的，他的功德神通是出世間，不隨著三界輪轉，他是超出三界的。菩薩不同，菩薩是在三界，菩薩要行菩薩道，不在三界度衆生到哪裡去度衆生？菩薩在塵而不染，菩薩是利益衆生的德身，天人是業報身，他爲什麼有這麼大功力？

供養眾生，求佛福報。他不求出離，沒出離三界！像諸位道友聽見這天、阿脩羅，當然我們不願意作阿脩羅，縱使有好大功力，我們也不願意作他，天也不要作，因爲受三界輪迴，福報盡了又造業去了，還有很多的業在身上！要作什麼呢？要作出世間。天人見著比丘、比丘尼，都給你作護法，恭敬供養。

我們經常念經，天龍護法，他是護我們法的！你若修道有德，他就來向你求福報。我們出家人，最起碼的發願，要超出三界外，不在五行中，這叫超脫。你若沒超脫，在人間的時候，現在你受報呢！你那福報的報還沒來，現在你受的是過去的業報，生、老、病、死苦你具足，業報來了你要受。用佛所教授你的方法，入了三昧，生、老、病、死苦、五陰熾盛、愛別離、怨憎會，全部沒有了。是你的定力把它降伏了、沒有了，這是你的勝因，現在你種的是勝因，出世的聖人。

四眾弟子不要把自己看輕了，一聞法、一入道，也就是你落髮的時候、一入道的時候、在受三皈的時候，天人、阿脩羅的神通都沒得用了，他們僅僅是你的護法。「哎！我沒修行！還在造業！」不錯的！但是你這因超勝他多少倍了。我們也是受了三皈，或者受了比丘、比丘尼戒，也作了很多錯事，犯戒。但是你這個因不消失，受三皈、發心、受五戒，受戒要行菩薩道，這是因並沒有成就，就這個因已經不容易了。

大家讀過《法華經》吧？「一稱南無佛，皆共成佛道」，雖然也還是要輪轉，也還是受罪，但是你將來會出離的。所以，用這些天、用阿脩羅、用鬼神的神通妙用，來形容菩薩。形容菩薩大悲心一發，大慈大悲的種子，就是四無量心，這個心一發是無限量的。心無量故，福德也無量。天人有這麼大神通，他見了一位破戒的比丘、破戒的比丘尼，他不敢輕慢，得恭敬禮拜，將來你一成就，業障一消失，那是出世間的福報，那不是世間福報。

我們慶幸自己遇著三寶，假三寶的緣，這還是緣，我們自己發起的心，菩提心是因，那個心假著外緣促成了、成道了。我們這個業報，是殊勝的業報。修行、持誦、禮拜，修三寶，以佛的教導去行，這是勝業。感的果報呢？是了生死、證涅槃。看到這些比喻，應當生起這些想法，不求世間名聞利養，不求天人福報。有人問我：「是升天好？是下地獄好？」我說：「下地獄你出來能成佛！升天，你還得下地獄！」當你受著苦難，就思念三寶。看見很多道友，平常好的時候不大念佛，一生病了，知道苦來了，「阿彌陀佛！阿彌陀佛！」他念佛念得很誠懇。說比丘不求無病，無病貪欲易生。一有了病、有了災難，想起佛菩薩來了，平常沒有災難，把菩薩忘了。我就如是，在監獄裡想起三寶。在外頭好好修行吧！修行把業障消了，不是不去了嗎？不行，一切眾生業，就是如是。

一切五欲悉無常　如水聚沫性虛偽

諸有如夢如陽燄　亦如浮雲水中月
放逸為怨為苦惱　非甘露道生死徑
若有作諸放逸行　入於死滅大魚口
世間所有眾苦本　一切聖人皆厭患
五欲功德滅壞性　汝應愛樂真實法
三十三天聞此音　悉共來升善法堂
帝釋為說微妙法　咸令順寂除貪愛
彼音無形不可見　猶能利益諸天眾
況隨心樂現色身　而不濟度諸群生

忉利天有種天鼓，天鼓是福業所生的，一般忉利天都是大菩薩示現作天主化度眾生，這是度天人的。那時候天人若放逸，天鼓就出些音聲，音聲演說出來的是什麼？「一切五欲悉無常，如水聚沫性虛僞。」天鼓發的音，這是大菩薩示現作天主所示現的。不一定每個天主都是大菩薩示現的，三賢位菩薩，寄住於忉利天作天主、化度眾生。剛才念這些偈頌，天鼓所發出來的音聲，不是誰說法，而是天鼓說法。

世間所有的是作夢，夢是沒有的，是陽燄。太陽很大，鹿、羊渴得厲害了，看到大太陽的陽燄，把它當成是水，跑過去了。不是水，而是陽燄，是空的！水裡的月亮、天上的浮雲，是不常的！浮雲風吹一下就沒有，水裡月亮是天上的影子，天上月現的。千萬莫放逸！放逸是苦惱，是你的冤家。勤修戒定慧！勤修就是不要放逸，你若精進來修戒定慧，貪瞋癡滅了。天鼓出的音聲，教化天衆。「若有作諸放逸行，入於死滅大魚口。」海裡的大魚，特別大的魚，不是我們所說的鯨魚，比那大得多，這條大魚不會浮出水面的，你入到大魚嘴裡去，就到了死滅。

我曾經到紐西蘭的奧克蘭去旅遊，那裡鑽個山洞，山洞在海水裡頭，從這個洞鑽過去，那邊也是一個海。我看這種景象，那小魚，一、兩尺長，像桌子這麼大。船在那漂流的時候，那個魚滿滿的！他們告訴我們，這些魚，等大魚來吞的時候，一口就給吞了。那眞是千千萬萬，那麼厚一層都是魚，大魚這一張口、一吸，全部吸進去！在那個水游過來、再游過去，底下有條大魚常住那裡，一天就靠吃這個。

看到這段經文，我想起那條大魚的口有好大呢？這叫不可思議，這叫世間相。大魚口是形容什麼？形容死，我們這世界上，一天死好多人？沒辦法算出來，或者看電視、看新聞、看報紙，沒有登、沒有統計說一天死好多人。生滅無常，讓你警覺要精進修行，死亡在等著你！不論年紀大小。每天你多念幾遍：「我快死了！我快死了！」若想到快死了，還懈怠嗎？隨時念到死，隨時念到苦王，別避諱，必然死！經常念著點，念念別忘了死，就積極精進了。若不死呢？不死，就好好念經修行吧！死了？死了就了了，了了到哪去？了生死！死了就了生死了，但是你得有道力，別再輪轉。這是警策你要精進，不要放逸，一放逸那個死就降臨到你頭上。

「世間所有衆苦本，一切聖人皆厭患。」所有的世間相，都是苦的根本，聖人是厭患的，凡夫是貪著的。不但不厭患，他還要貪著。「五欲功德滅壞性，汝應愛樂眞實法。」不要貪求世間五欲境界相，應當希求我們上頭所念的三昧，那是眞實法。「三十三天聞此音，悉共來升善法堂。」這是天鼓，不是誰說法，三十三天的天人，聽到天鼓的聲音，大家就知道到了善法堂，就是帝釋天的說法處所，娑婆世界的諸佛都到善法堂說法。善法堂是說法的處所，帝釋天的天，自然有座善法堂，由功德所成的。那些天衆聽到天鼓這麼一說：要精進不要放逸！放逸就是怨敵，就是苦惱，精進就是解脫。

到善法堂了，就不是天鼓的聲音，「帝釋為說微妙法」，帝釋天給他說佛所教授的法，叫微妙法，「咸令順寂除貪愛」，把你的貪愛心除掉。「彼音無形不可見」，天鼓的聲音沒有形，也沒有現相，也不是一面鼓在那裡，而是自然的，這叫天鼓音，光聽音聲不見形相。帝釋天有這麼一面鼓，這個音沒有形相的、不可見的，它能夠使天衆得利益。天衆有這福報，有這個鼓給他警覺，我們人間沒有這個福報。「況隨心樂現色身，而不濟度諸群生。」這是大菩薩天鼓說法喻，他沒有菩薩的功力，也沒有菩薩的功用。菩薩親自現身說法，這個德還可思議嗎？

天阿脩羅共鬪時　諸天福德殊勝力
天鼓出音告其眾　汝等宜應勿憂怖
諸天聞此所告音　悉除憂畏增益力
時阿脩羅心震懼　所將兵眾咸退走
甘露妙定如天鼓　恆出降魔寂靜音
大悲哀愍救一切　普使眾生滅煩惱

天帝釋和天阿脩羅，他們經常發生戰鬥，在戰鬥即將要來的時候，天鼓就發出音聲，發出什麼音聲呢？告訴諸天大眾：不要怖畏、不要恐怖。天人聞到這個音聲，心裡就安靜、不會恐怖，這是天鼓安慰喻。舉這個例子跟〈賢首品〉有什麼關係？這是佛菩薩、登了住地的菩薩，他們能夠使眾生除熱惱。眾生恐怖的時候，天災、人禍、互相戰鬥，就誦誦〈賢首品〉，但是你得跟他結緣，不結緣不行。能夠生到天上，以你的福德跟諸天大眾福德的感召，一有危難了，天鼓就出音聲。沒誰敲、沒誰打鼓，天鼓自然的發聲。天人跟阿脩羅戰鬥的時候，以天人助成的福德，有種殊勝力，這是自然的不是求的，天鼓出音聲就告訴大眾：「大家不要憂愁！不要恐怖！」安慰說，沒問題。「悉除憂畏」，增長他的福力，天人聞到這種聲音，心裡就安定，沒有恐怖感。阿脩羅聞到這裡聲音就恐怖，不戰而退。聽到天鼓的聲音，阿脩羅心就震懼，他所率領的魔子魔兵、阿脩羅的兵眾就退了。天鼓是自然的音聲，常時一有災難，天鼓就發出妙音，妙音就是降魔寂靜音，拿這形容菩薩大悲哀愍救一切，菩薩大悲願力，哀愍眾生、救度眾生，普使眾生滅煩惱。

但是，你得有這個緣，天人生到天上有天鼓保護他，我們生到人間，沒有這種感召還是沒有的，法滅的時候，這種感召沒有了。那就是說眾生的業力，等到〈升須彌山頂品〉就知道，〈賢首品〉後面也在說。天福減少的時候，天人五衰相現的時候，天鼓音聲照樣響，他得不到了。那時候，他那個業勝於福德，沒有福德了，福德減退的時候，眾生也如是。

我曾經在世間相上感覺到。我初出家在河北房山縣，上房（方）山兜率寺，把那廟形容為四天王天兜率內院一樣。藏經樓有幾部大藏經，我曾在藏經樓裡住過，就是一個人，那是山裡的茅蓬，在山裡修座藏經殿，由一個人看守。藏經呢？沒人看，一個一函，一個一函，藏經的函，那是保護的。

後來隔了五、六十年，從石經山打開取出石經，就是「房山石經」，石經就是把經刻到石板上，一片一片的，三、四個人擡一塊石板。從隋唐開始刻經，一直到明朝才停止。刻了多少代，師父、徒弟繼承著刻，徒弟繼承師父再刻，刻了幾百年。現在國家重視了，把石經山石洞都打開，取出石經，把石經印出來，就是「房山石經」。

那時我到西域寺，那時的西域寺沒有和尚，石經山，像五臺山一樣的，這個石洞在石經山，國家很重視，因爲這是寶貝。我在上房山藏經院看見的石經、經書，不曉得爲什麼都搬到西域寺，房子裡遍地都是。我問管理人員，爲什麼把「房山石經」請到這兒來？請到這兒，又不整理好，滿地都是。這些人是不信佛的，西域寺不是和尚管理，而是在家的工作人員，因爲房山兜率寺全部毀了，把「房山石經」、經書都運到這兒。但是也湊巧，我看見的全是《大方廣佛華嚴經》經書，都是大本的，好像紙印的不值錢。但是從洞裡掏出來的石經，一塊一塊的，他們對那個很恭敬。爲什麼呢？國寶。

那時帶著中國佛學院的學生，我說出家人看見這種情況，作何感想？經裡所說的話，說這是天、忉利天，天鼓有這樣感應，爲什麼這些經書放在地上這麼糟蹋？這叫不可思議。什麼不可思議呢？業障不可思議。我們看經上說，天鼓出妙喻，我們拿來當無上法寶誦、恭敬禮拜，爲什麼有些人在腳下踩？我到印經的地方，流通佛經的，我問說：「你們是不是三寶弟子？」他們瞪著眼睛瞅我！我說：地上的經書、佛像、觀音像、阿彌陀佛像，印很多很多的，西方三聖像沒人請，遍地都是，人在那裡來回走、踩，這是修福？還是造業？面對現在這個現相，護法呢？天人呢？怎麼樣理解？衆生的業！這叫業力現前，業力跟功德力兩個戰鬥，業力勝於功德力。

印經、印佛像的目的是讓人家請回去修福，他知道誰請去就修福了。出錢印的人，他是修福的，管理的人？我看這是造地獄業。爲什麼有這個現相呢？我們看見現在世界上的刀兵、水火、饑饉、地震，這就是業。拿這個跟天上對比，菩薩的因、菩薩的相、一切法寶，是消除人間熱惱的。以前經書不准看，現在開放了、又准看了，這是災難循環。

想消災免難嗎？恭敬三寶。破壞三寶、踐踏三寶，那個時候一定是不好，又恢復恭敬了，又轉好了！這是無常的，時好時壞。「大悲哀愍救一切，普使衆生滅煩惱。」我們經常說諸佛菩薩的功德力，諸佛菩薩的功德力沒有衆生的業力大，現在衆生的業力大，或許有些事是聖（勝）業。聖業呢？就是所有法的功力，在普壽寺當然很好，不一定都這樣子。像我剛才說這個現相，那些都是三寶弟子，爲什麼把佛像當廣告？他不懂得業力，業的力量使他不尊敬三寶，使他踐踏三寶。我們看見是佛像，好像不起什麼作用。但是另外一種業果呢？無形的業力呢？要受報的。但是他接觸三寶，功德跟業報能抵消不呢？不能抵消的，他的業力強功德力小，抵消不了的，要受報的。

天上的天鼓安慰喻，有的時候，阿脩羅戰勝天帝，這也是看人間，人間的業力感應到、影響到天帝，這是一種。我們經常說菩薩威力那麼大，例如五臺山，文殊師利妙吉祥的功德力那麼大，但是看看五臺山所發生的一些事情，這是菩薩的過嗎？菩薩沒有過。菩薩是不是也像我們凡夫動心呢？菩薩不動心，他無動，菩薩只能說法轉化衆生的業，菩薩不能代替衆生，不能消也消不了的。每位菩薩都發四弘誓願，要把衆生度盡，但，衆生界是不盡的。這些道理讓我們自己修觀，這段意思說的就是你要行、要去作，然後產生功德，產生道力。若想用你的力量來轉衆生的業力，不可能，還沒有到這個力量。

諸佛菩薩觀一切諸法皆空，他證得眞空理，這些世間相，乃至一切的事物，都是空的。衆生的業在那裡演變，衆生的業也是空的。對於經書上所說的聖境，你要有智慧觀察，沒有智慧觀察，本來是聖境，仍會生起煩惱。怎麼說呢？你看經上說，念一部經的功德，如何如何的力量大，你拿世間相來對，想轉世間的煩惱，這叫末法，辦不到。但是，我們修的感跟自然的應，就是功力反應的應，那得看本身的大小，空谷傳音，在山谷裡頭喊一聲，聲音又回來了。

所以，不能拿經上所說的話，跟現實生活去對照。若要對照的話，你就得加把油，增加修行的力量，轉得動沒問題，轉不動還是有問題。我們天天拜懺、念經、磕頭、禮拜，在我們認爲，力量不小了，但是這個力量還不行的！要把所修的會歸你的心，明白你的心，用你的心把所修的功德力發揮出去，那力量就大了。有些人有懷疑，直接跟我當面談的，也有打電話問我，我說：「你的力量不夠！」他所在地發生一些災難，我說，還沒有涉及到你自己。若想轉，必須得超過它的力量，不然轉不動的。天人因爲有他的天福，有殊勝力，天鼓出的音聲，阿脩羅沒有那麼大力量，他本身戰不勝天，邪不侵正，這沒有什麼可以懷疑的。

帝釋普應諸天女　九十有二那由他
令彼各各心自謂　天王獨與我娛樂

帝釋天的天王，有九十二那由他，「那由他」，翻「不可知數、無央數」，帝釋天的福德所感，九十二那由他的天女，每位天女都感到帝釋天只跟她好，每位天女都如是應，為什麼？帝釋天的福德，有這感覺。天人跟人間不一樣。人間的國王也是很多妃子，妃子就是互相爭鬧，各有各的因緣，鬧得後宮不安。有福德的皇帝後宮安定，沒福德的皇帝後宮不安。帝釋天不是這樣，他雖然是天人，六欲境界相同的，他有不同處，他的福德所感，這些天女都有這些感覺，這天王只跟她好，跟別的都沒有，實際上是這樣子嗎？這是帝釋天的福德。

如天女中身普應　善法堂內亦如是
能於一念現神通　悉至其前為說法
帝釋具有貪恚癡　能令眷屬悉歡喜
況大方便神通力　而不能令一切悅

「善法堂」是帝釋天聚會的場所，說法的處所。過去的七佛，都在善法堂說法。這地方非常的殊勝，帝釋天能普應一切天女，普應一切天人。

所有到善法堂的，都感覺帝釋天給他說法。但是帝釋天具足貪瞋癡，貪欲、瞋恚、愚癡都有，爲什麼能令他的眷屬悉歡喜？這是他的福德，帝釋天尚能如是，這些住地的大菩薩，因他的方便神力而能令一切悅，能令一切聞法者歡喜。天王都普應群生，住地菩薩也能普應一切的群生，能普應一切的有緣者，必須得有緣。佛的三不能，無緣沒辦法度，得度有緣的，這是帝釋天。

他化自在六天王　於欲界中得自在
以業惑苦為罥網　繫縛一切諸凡夫
彼有貪欲瞋恚癡　猶於眾生得自在
況具十種自在力　而不能令眾同行
三千世界大梵王　一切梵天所住處
悉能現身於彼坐　演暢微妙梵音聲
彼住世間梵道中　禪定神通尚如意
況出世間無有上　於禪解脫不自在

這中間略了帝釋天上的夜摩天、兜率天、化樂天。他化自在天是六欲天的頂天，「化」是化現的意思。化樂天，樂器等一切快樂的器具，化出來這些樂具，但是得天主自化。他化自在天呢？不要自己化，別人化，只是享受。所以，在欲界當中，他是欲界的頂天，能夠得自在。但是天人還沒有斷除惑業苦！惑業苦是束縛一切凡夫，這些天只是福報所感，還沒有脫離煩惱，還有貪欲、瞋恚、愚癡，能在衆生當中部分得自在。前面所講的住地菩薩，有十種自在力，他比他化天的天王，那就自在的太多了，因爲他沒有貪瞋癡。

這些是超略的，不是一天一天說的。大梵天王管三千大千世界，所有一切梵天的所住處，能在他座中顯現，同時給這些梵天說法，演暢微妙的梵音聲。他是世間的梵道，大梵天這一道的。禪定、神通尙能這樣如意，若是出世間的菩薩，那超過他就多了。梵天在世間上沒有超過他的，在禪定、四解脫上，沒有超過他的，他不能完全自在，但是能夠在三千大千世界利益一切衆生。

摩醯首羅智自在　大海龍王降雨時
悉能分別數其滴　於一念中皆辨了
無量億劫勤修學　得是無上菩提智
云何不於一念中　普知一切眾生心

摩醯首羅天的天主，他的智慧力量有好大呢？龍王布雨的時候，知道這次降雨降了好多滴，他當時能知道數字。「悉能分別數其滴」，能於一念中，知道下了好多滴的雨點。菩薩呢？住地菩薩經過無量億劫的修行，他也得到無上菩提的智慧。「云何不於一念中，普知一切眾生心」，前面偈頌是比喻，下面是顯菩薩的眞實。那些菩薩在一念之中，這個世界的眾生想念什麼、思惟什麼，他一念都知道了！一念之間，他知道眾生心裡思念什麼，「普知一切眾生心」。

眾生業報不思議　以大風力起世間
巨海諸山天宮殿　眾寶光明萬物種
亦能興雲降大雨　亦能散滅諸雲氣
亦能成熟一切穀　亦能安樂諸群生
風不能學波羅蜜　亦不學佛諸功德
猶成不可思議事　何況具足諸願者

這是拿大風作比喻，風跟菩薩的大願，拿風來作比喻。眾生的業報是不可思議的，那個風力是眾生業報所起的，乃至海、山、天上的宮殿，一切寶光明所有萬物種。風能行雲，能降大雨，能散滅雲氣，能集生一切雲氣，都是風的力量。我們只知道大地生萬物，如果沒有風，一切穀物還成熟不了，風來幫忙。「亦能安樂諸群生」，風是無知的，不能學波羅蜜，不能學到彼岸法，也不會學佛的諸功德，它無知，但是它能成就不可思議事。大菩薩是學佛諸功德，能出佛諸功德，他怎麼不能成就呢？所以拿大風來喻大願，拿風來喻菩薩不可思議願。

男子女人種種聲　一切鳥獸諸音聲
大海川流雷震聲　皆能稱悅眾生意
況復知聲性如響　逮得無礙妙辯才
普應眾生而說法　而不能令世間喜

這是形容一切眾生的悅意聲音，辨別悅意的聲音，男人、女人的種種聲音、鳥獸的聲音、川流大海的雷震聲音、水流的聲音，總之，是一切聲。菩薩得了無礙的妙辯才，應和一切眾生的心而說法。法就是說法的音聲，說法的音聲能令一切世間歡喜。世間的種種聲音，能令一切物歡喜，也能令一切物產生憂愁；但是菩薩心不是這樣，拿悅耳的聲音，比喻菩薩說法的機變。

海有希奇殊特法　能為一切平等印
眾生寶物及川流　普悉包容無所拒

無盡禪定解脫者 為平等印亦如是
福德智慧諸妙行 一切普修無厭足

上一個偈頌是比喻，下一個偈頌讚歎菩薩所行。大菩薩入無量的三昧，得無量的解脫，對於一切衆生平等攝受。他的福德、他的智慧，「普修無厭足」。用大海形容菩薩的禪定智慧，一個是比方，一個是形容菩薩的禪定智慧。

大海龍王遊戲時 普於諸處得自在

海裡跟人間是一樣的，龍王有多少種變化？龍有善變，龍若變大，能變成很大的，若變小了，能變成像螞蟻那樣的，大小自在，在變化當中得自在。那些大菩薩的遊戲神通變化，比龍就強多了，拿這個比喻龍。有些比喻是肉眼所沒見到的，《華嚴經》上的比喻專門給菩薩、給有神力衆生說的。我們學《華嚴經》，可以知道世間的事物變化。還沒說到神，等到最後才說神，神有無量種。

興雲充徧四天下 其雲種種莊嚴色
第六他化自在天 於彼雲色如真金
化樂天上赤珠色 兜率陀天霜雪色

夜摩天上瑠璃色　三十三天碼碯色
四王天上玻瓈色　大海水上金剛色
緊那羅中妙香色　諸龍住處蓮華色
夜叉住處白鵝色　阿脩羅中山石色
鬱單越處金燄色　閻浮提中青寶色
餘二天下雜莊嚴　隨眾所樂而應之

這裡說雲，色相不同，雲的變化也無窮。從四天下，四天王天說到六欲天的他化自在天，每一天上的顏色不同，所現的顏色不同。菩薩能現各種的身雲，他現的身像雲一樣的。我們說初住菩薩，十信滿心、登了初住位菩薩，能在一百世界示現成佛度眾生。他現的身就像雲那樣變化，各個不同，示現種種身度眾生，發了菩提心，登了初住的菩薩，就有這種的功力，拿雲形容菩薩的功德。

又復他化自在天　雲中電曜如日光
化樂天上如月光　兜率天上閻浮金
夜摩天上珂雪色　三十三天金燄色
四王天上眾寶色　大海之中赤珠色

緊那羅界瑠璃色　龍王住處寶藏色
夜叉所住玻瓈色　阿脩羅中碼碯色
鬱單越境火珠色　閻浮提中帝青色
餘二天下雜莊嚴　如雲色相電亦然

前面是從下到上，現在是從上到下。六欲天的他化自在天，六欲天的底下是化樂天，化樂天的底下夜摩天，夜摩天跟中間的忉利天跟四天王天。形容世間相，大海之中赤珠色，緊那羅王界的瑠璃色，龍王的住處是寶藏色，夜叉所住是玻瓈色，阿脩羅住是碼碯色，這些色相形容菩薩的光明，初住的菩薩身現種種的光明，現種種的寶光。〈賢首品〉是形容菩薩登了住地，所有的神通妙用，所現的色相，修行信心一大劫，那是他的功德顯現，而他成了住位，去度化、利益衆生時所化現的。

他化雷震如梵音　化樂天中天鼓音
兜率天上歌唱音　夜摩天上天女音
於彼三十三天上　如緊那羅種種音
護世四王諸天所　如乾闥婆所出音
海中兩山相擊聲　緊那羅中簫笛聲

諸龍城中頻伽聲　夜叉住處龍女聲
阿脩羅中天鼓聲　於人道中海潮聲

人道的海潮聲，大海潮音的聲音，修羅天的天鼓聲音，夜叉天的龍女聲音，諸龍城中頻伽鳥的聲音。這些比喻我們不解釋，為什麼？我們不知道，沒法解釋，我們知道嗎？那不是我們的境界，而是菩薩的境界。打雷下雨的聲音我們知道，那沒有什麼歡喜的，打雷聲，我們震的還不舒服呢！下雨聲，我們也不感覺怎麼樣舒服。這形容住地菩薩，他所入的三昧，無量的，像各種聲音一樣。

我們聽見打鼓的聲音，我們所聽見的是人間的！化樂天的打鼓聲音，是什麼樣子？我們不知道。連人間的打鼓聲音，我們知道的也很少。我有一次在山中，遇見一位老菩薩，我認為他是菩薩化身，只聽過那麼一次打鼓，他打鼓的聲音，使你同時聽到風雨雲雷。後來，他告訴我：「知道我打的什麼鼓嗎？」我說：「不知道。」「風雨雲雷！」手指頭打兩個鼓，把鼓打的像下大暴雨、像颱風一樣的，突然間鼓聲又像打雷一樣的震動，又像風的音聲，同是一面鼓，兩個手拿著兩個鼓槌打。有些大廟打鼓的聲音沒有那個技術，這要靠技術，用想像是沒法想像得到的。

過去的深山老林，過去的古刹、古廟，經常有打鼓的！早晨三、四點鐘或者兩、三點鐘，那時的鼓音不同，打的人也不同。這些音聲形容什麼呢？形容菩薩的三昧。

他化自在雨妙香　種種雜華為莊嚴
化樂天雨多羅華　曼陀羅華及澤香
兜率天上雨摩尼　具足種種寶莊嚴
髻中寶珠如月光　上妙衣服真金色
夜摩中雨幢旛蓋　華鬘塗香妙嚴具
赤真珠色上妙衣　及以種種眾伎樂
三十三天如意珠　堅黑沉水栴檀香
鬱金雞羅多摩等　妙華香水相雜雨
護世城中雨美饍　色香味具增長力
亦雨難思眾妙寶　悉是龍王之所作
又復於彼大海中　霔雨不斷如車軸

這是我們不能想像的，下的雨點好大？像車輪、車軸那麼大，誰也沒見過這種大雨！若是遇到，那個雨點就把我們砸死了，不得了，那麼大的雨。這是形容詞，形容菩薩說法的不可思議。還有，下雨下的什麼呢？

復雨無盡大寶藏　亦雨種種莊嚴寶

緊那羅界雨瓔珞　眾色蓮華衣及寶
婆利師迦末利香　種種樂音皆具足
諸龍城中雨赤珠　夜叉城內光摩尼
阿脩羅中雨兵仗　摧伏一切諸怨敵
鬱單越中雨瓔珞　亦雨無量上妙華
弗婆瞿耶二天下　悉雨種種莊嚴具
閻浮提雨清淨水　微細悅澤常應時
長養眾華及果藥　成熟一切諸苗稼

這些比喻形容菩薩說法，菩薩說無盡的法門，是適合衆生心裡所要求的，叫悅意音。這裡有一種澤香，澤香在印度是抹在身上的香油。這些形容詞，有些我們不理解，因爲沒有見過。經上這樣說，我們沒見過，沒法解釋，反正就是香華燈塗。

如是無量妙莊嚴　種種雲電及雷雨
龍王自在悉能作　而身不動無分別

龍王行雨的時候，牠的身體並沒有動，乃至於雷電雷雨，是自在能做而身不動，菩薩說法的時候也如是。菩薩說法隨衆生的欲樂，樂得聞法者，菩薩就給他說。假自己的思惟力量，這樣子能入法海，把法形容成大海一樣，具足一切功德而能爲大神變。那些龍王都能那樣自在，菩薩又比龍王的神通、神變大多了，爲什麼不能做那些神變呢？菩薩是說法，龍王是遊戲。

彼於世界海中住　尚能現此難思力
況入法海具功德　而不能為大神變
彼諸菩薩解脫門　一切譬喻無能顯
我今以此諸譬喻　略說於其自在力

賢首菩薩在此處總結說菩薩的解脫法門，只要修行、登了發心住，一發菩提心就具足這麼大的功德。所以，「我今以此諸譬喻（論），略說於其自在力」。初住的菩薩，能在百世界示現八相成道，他所現的神通力就如是。住地的菩薩，他所能現的神通力，令一切衆生，見者、聞者能起信心。

清涼國師對以上這些問題舉一個比喻：令一切衆生起信很不容易！他要見到、看到、摸得著的他才信，沒摸著、沒見著他不信。如果你給沒到過蒙古，或者沒到過西藏的南方人，說一個大帳棚裡頭，支起的帳篷能住上一千人，他不信的，房子住一千人，還在帳棚裡開會，生活起居都在帳棚裡頭！他感覺很奇怪，認爲不可能。對北方人說，南方一隻大船，裡頭能容納上萬人，在裡頭吃、喝、住、行，北方人也不會相信，爲什麼？他沒見到過。

菩薩所行的事業，菩薩利益眾生的事業，菩薩的妙用，他沒有得到就懷疑，眞的嗎？天方夜譚吧？說笑話嗎？說故事吧！但是，你到了才相信，眞的是這樣。有些人一生沒住過房子，盡住著帳棚，不知道還有房子，他住帳棚就是房子。藏族、彝族那些地區，到現在還如是，有些地區他一生也沒住過樓房。現在說房子裡頭有洗手間、有浴室、有娛樂廳、有球場，他信嗎？等見到了，確實如是。

眾生剛發心，菩薩的境界乃至於諸佛的境界，特別是《華嚴經》所講的境界，我們還沒開始呢！以後在須彌山，會講須彌山的成就。有些話、有些事，我們沒法相信的。講到須彌山，爭議很大，有人說：「喜瑪拉雅山就是須彌山！」這跟佛經上所說的不合。須彌山是什麼樣？四大天王都在須彌山上！須彌山頂上是玉皇大帝，他信嗎？不信。喜瑪拉雅山有嗎？好多人爬上山頂，哪能碰見玉皇大帝？不可能的，不會是有形有相的。翻譯爲「妙高峰」，這是比喻的意思，形容菩薩說法的能力。我們沒見到的，拿世間跟佛所說的《華嚴經》比，那些聽《華嚴經》的，就像在五臺山看顯通寺或者是菩薩頂，我們沒見到的就新鮮了。這是令眾生能起信心而已。諸菩薩的妙用，等修到了，就沒有什麼懷疑的。這是勸眾生信，信菩薩的境界不可思議。

菩薩說法利益衆生，到入了住位的時候，他的智慧、他的德相、他所感的果，這是三賢位的初步，還沒有到十地位！菩薩的境界不是凡夫所能見的，人家看五臺山金色世界，諸大菩薩都來朝禮文殊菩薩，我們現在看到是什麼？《華嚴經》若是說五臺山，我們能相信嗎？見到才相信，聽到的不可靠。「眼見爲實，耳聽是虛。」虛就是假的，虛假的。爲什麼他不信？他的知識面就這麼大。假使說你在忉利天，或者在六欲天，你說大梵天、說四禪天，他也不信，他沒有見到過那個境界。一切法如是，一切事情都是這樣的。

第一智慧廣大慧　真實智慧無邊慧
勝慧及以殊勝慧　如是法門今已說

這些廣大的用，妙用不可思議。《華嚴經》所說的，我們都具足，人人都有，只要有性者！在有情爲佛性，在無情爲法性，乃至最上的智慧，大實的智慧，無邊的智慧，眞實的智慧，勝慧殊勝慧。現在賢首菩薩所說的，就是第一智慧、廣大智慧、眞實智慧、無邊慧、勝慧及以殊勝慧。

〈賢首品〉所說的慧，就是這一品經文的旨趣，賢首菩薩說「我已說」。不過賢首菩薩所說的是初步的，還不是深入的。相信又照著文殊所教授的去作，就能得到賢首菩薩所說的智慧。這些大用，人人皆有份，本來具足的。因為你不用功、不修行，當然得不到。

此法希有甚奇特　若人聞已能忍可
能信能受能讚說　如是所作甚為難

這個法門很奇特，若是有人聽到了，「若人聞已能忍可」，認為這是不錯的、眞實的，「能忍可」，就是承認、領納，「忍」就是「忍受」的意思。能夠忍受，能夠相信入，能夠讚歎，作到這一點就很難了。

世間一切諸凡夫　信是法者甚難得
若有勤修清淨福　以昔因力乃能信
一切世界諸群生　少有欲求聲聞乘

「世間」是指現在所處的人世間，能夠信我所說的法，那就很難得了，很不容易的意思。如果不是過去修出世間福德的人，他不會信的！因爲過去修過，假這個因的力量，他能信入。什麼叫修清淨福呢？現在四衆弟子都是修清淨福的，世間的享受，現在我們都沒有，特別是比丘、比丘尼，我們所享受的都是清淨的。在五欲境上不貪、不執著、不憶念，我們在這兒修清淨福田！就是現在你也不容易，得假過去的因，才有機會學華嚴，才能信這個法門！「乃能信」，能夠信入。

「一切世界諸群生，少有欲求聲聞乘」，在這個世間的衆生，求聲聞乘的都很少，修苦、集、滅、道，修出世的因果，滅、道就是出世的因，證得出世的果，證得聲聞羅漢果。求聲聞乘的都很少，求獨覺乘的更少。獨覺自己悟，春生、夏長、秋收、冬藏，看一切世間相，他悟道了，悟得生滅之理，這叫獨覺，無佛出世的！這是二乘人，在現在的世界上，很少了。

求獨覺者轉復少　趣大乘者甚難遇
趣大乘者猶為易　能信此法倍更難
況復持誦為人說　如法修行真實解

發大菩提心、發大乘、求無上乘的，很難得遇到。我們同在末法，同在信佛，若在泰國、緬甸，你講《華嚴經》、《妙法蓮華經》，他們不信的，他們信的是聲聞乘。現在這個世界，聲聞乘的很少了，獨覺乘的更少了，「趣大乘者甚難遇」。

「趣大乘者猶爲易，能信此法倍更難」，趣向大乘者，你把他看成比較容易，「能信此法倍更難」，加倍的困難，也就是輾轉難得。說一乘法、無上乘法，讓他信，都不信。「況復持誦爲人說，如法修行眞實解」，自己讀誦、受持、給人解說，還如法去修行、眞實理解，難中難。

有以三千大千界　頂戴一劫身不動
彼之所作未為難　信是法者乃為難

把三千大千世界頂到腦殼上，「頂戴一劫身不動」，這個能作得到嗎？縱使能做得到，要讓他信賢首菩薩所說的這個法，難了！他可以頂戴三千大千世界，却不信這個法。

有以手擎十佛剎　盡於一劫空中住
彼之所作未為難　能信此法乃為難
十剎塵數眾生所　悉施樂具經一劫
彼之福德未為勝　信此法者為最勝
十剎塵數如來所　悉皆承事盡一劫
若於此品能誦持　其福最勝過於彼

以手擎住十個三千大千世界，擎好多時間呢？「盡於一劫空中住」，把十佛剎擎到手掌，托到空中去住，這個不算難！能信我所說的〈賢首品〉，信受這個法的，這就更難了。「十剎塵數衆生所，悉施樂具經一劫」，給他們一切樂具，快樂的工具，經過好長時間呢？經過一個劫。「彼之福德未爲勝，信此法者爲最勝」，能信〈賢首品〉這一法門所說的法，才是最殊勝。

這都是比較。「十剎塵數如來所，悉皆承事盡一劫」，十佛剎微塵數諸佛，我能承事供養一劫的時間。「若於此品能誦持，其福最勝過於彼」，若能受持〈賢首品〉這一品經，他的福德勝過一劫供養十佛剎微塵數諸佛。

時賢首菩薩。說此偈已。十方世界。六反震動。魔宮隱蔽。惡道休息。十方諸佛。普現其前。各以右手。而摩其頂。同聲讚言。善哉善哉。快說此法。我等一切悉皆隨喜。

〈賢首品〉圓滿了。十方諸佛都現在賢首菩薩前，十方諸佛加持他，讚歎他。隨喜說法的善念、善行、菩薩道！十方諸佛隨喜賢首菩薩所說的〈賢首品〉法門。因爲這啓發大心，爲什麼？「初發心時成正覺」，何況他已經入住位的菩薩，能百世界示現佛身，度一切衆生成佛，在百世界度一切衆生成佛。惡道息滅，契佛心、證佛果。因此，不可思議！

若同時能誦〈賢首品〉，「若於此品能誦持，其福最勝過於彼」，勝過承事十佛剎微塵數佛。這是誦一遍。若是誦十遍？若是常時誦？像我們有一批華嚴菩薩，誦全部華嚴！現在你是見不到也摸不著！功德有什麼可見的？有什麼可摸的？成佛的時候，你就知道了。從此種了成佛因，將來必定能結成佛果。就是十信滿了入了初住，入住位菩薩，雖然還沒有證得十迴向、沒有登地，但是這三十位，十住、十行、十迴向，一即一切，前具於後，初發心住就具足十迴向，十行十迴向乃至於十住，三十位作為一位。十地菩薩，到了歡喜地眞正證得，眞正證得跟相似證得又不同。現在只講到〈賢首品〉，信剛滿心，信心成就了，登了初住的菩薩！以下還有二十九位，一位一位的，大致相等。

下一品講須彌山頂，講到我們這個世界，這個世界也是我們所沒見到的。我們對須彌山的爭論非常之多，乃至於〈十住品〉，初住、信心滿心，學佛的人、學教義的人，對《華嚴經》產生疑問，認為《華嚴經》所說的，初住的發心住能有這麼大的神通？有這麼大的力量？有這麼大的道果？持懷疑態度。大心的凡夫勝過小心的聖人，原因是什麼呢？心量特別大，原因就在這裡。這些法，二乘人是不信的，說初住的菩薩就能示現成佛，這是他們不能接受的。

諸位菩薩，學《華嚴經》的人，心量得特別大，要認識現實，《華嚴經》說的都是現實。有人認為是神話，這是神話的現實！不過是把每個人的心發揮出來，把你的心力發揮出來，而且是從你本有的開始，怎麼開始呢？發菩提心就是開始，到成就你的本有，究竟成佛。看來是很遠，其實很近！初心跟究竟心，初心難。但是你一入了，一位一位漸漸修，發菩提心、利益眾生，所以說「如是二心初心難」，很難得信！信入了又能持誦、受持！能夠承認這個信都很難，何況行呢？難中之難。無法修行、眞實理解了，發了菩提心眞實去做，眞實入門，我相信諸位菩薩，雖沒有解釋，一直都在誦。

這一品的比喻，我們沒法解釋，因爲這是現實，這種境界不可思議。這些境界都是事相，不論夜摩天、兜率天乃至化樂天、他化自在天，都是事實，因爲我們沒見過，不信。一切法，我們要相信自己的心！說信心，文殊菩薩教授我們相信自己的心，賢首菩薩所有的教義就是心的力量。這是初步，往後一品一品深入，每一品都比前品深入，最後所達到的，還是自己的一心。

賢首品 竟

國家圖書館出版品預行編目資料

賢首品 / 夢參老和尚主講. — 初版. — 臺北市 :
方廣文化, 2017.05
面 ; 公分. —(大方廣佛華嚴經 ; 9)
ISBN 978-986-7078-83-4(精裝)
1.華嚴部
221.22 106006172

大方廣佛華嚴經《八十華嚴講述》⑨

賢首品 第十二

主　　講：夢參老和尚
編輯整理：方廣編輯部
封面攝影：仁智
設　　計：鎏坊
出　　版：方廣文化事業有限公司
住　　址：台北市大安區和平東路
電　　話：02-2392-0003
傳　　真：02-2391-9603
◎地址變更：2024年已搬遷
通訊地址改爲106-907
台北青田郵局第120號信箱
(方廣文化)
劃撥帳號：17623463　方廣文化事業有限公司
網　　址：*http://www.fangoan.com.tw*
電子信箱：*fangoan@ms37.hinet.net*
裝　　訂：精益裝訂股份有限公司
出版日期：2021年 11月 初版2刷
定　　價：新台幣360元 (軟精裝)
經 銷 商：聯合發行股份有限公司
電　　話：02- 2917-8022
傳　　真：02- 2915-6275
行政院新聞局出版登記證：局版臺業字第六〇九〇號
ISBN：978-986-7078-83-4
No.H215　*Printed in Taiwan*

方廣文化出版品目錄〈一〉

夢參老和尚系列
書 籍

● 八十華嚴講述

HP01 大乘起信論淺述 (八十華嚴導讀一)
H208 淺說華嚴大意 (八十華嚴導讀二)
H209 世主妙嚴品 (第一至三冊)
H210 如來現相品・普賢三昧品 (第四冊)
H211 世界成就品・華藏世界品・毘盧遮那品 (第五冊)
H212 如來名號品・四聖諦品・光明覺品 (第六冊)
H213 菩薩問明品 (第七冊)
H214 淨行品 (第八冊)
H215 賢首品 (第九冊)
H301 升須彌山頂品・須彌頂上偈讚品・十住品 (第十冊)
H302 梵行品・初發心功德品・明法品 (第十一冊)
H401 升夜摩天宮品・夜摩宮中偈讚品・十行品・十無盡藏品 (第十二冊)
....陸續出版中....

● 華 嚴

H203 華嚴經淨行品講述
H324 華嚴經梵行品新講 (增訂版)
H205 華嚴經普賢行願品講述
H206 華嚴經疏論導讀
H255 華嚴經普賢行願品大意

● 天 台

T305A 妙法蓮華經導讀

● 楞 嚴

LY01 淺說五十種禪定陰魔—《楞嚴經》五十陰魔章
L345 楞嚴經淺釋 (全套三冊)

夢參老和尚系列
書　籍

方廣文化出版品目錄〈二〉

● 地藏三經

地藏經

D506　地藏菩薩本願經講述 (全套三冊)
D516A　淺說地藏經大意

占察經

D509　占察善惡業報經講記 (附HIPS材質占察輪及修行手冊)
D512　占察善惡業報經新講

大乘大集地藏十輪經 D507 (全套六冊)

D507-1　地藏菩薩的止觀法門 (序品 第一冊)
D507-2　地藏菩薩的觀呼吸法門 (十輪品 第二冊)
D507-3　地藏菩薩的戒律法門 (無依行品 第三冊)
D507-4　地藏菩薩的解脫法門 (有依行品 第四冊)
D507-5　地藏菩薩的懺悔法門 (懺悔品 善業道品 第五冊)
D507-6　地藏菩薩的念佛法門 (福田相品 獲益囑累品 第六冊)

● 般 若

B411　般若波羅蜜多心經講述 (合輯本)
B406　金剛經
B409　淺說金剛經大意

● 開 示 錄

S902　修行 (第一集)
Q905　向佛陀學習 (第二集)
Q906　禪．簡單啟示 (第三集)
Q907　正念 (第四集)
Q908　觀照 (第五集)

方廣文化出版品目錄〈三〉

系列	編號	書名
地藏系列	D503	地藏三經 (經文版) (地藏菩薩本願經、大乘大集地藏十輪經、占察善惡業報經)
	D511	占察善惡業報經行法 (占察拜懺本) (中摺本)
華嚴系列	H201	華嚴十地經論
	H202	十住毘婆沙論
	H207	大方廣佛華嚴經 (八十華嚴) (全套八冊)
般若系列	B402	小品般若經
	B403A	大乘理趣六波羅蜜多經
	B404A	能斷金剛經了義疏 (附心經頌釋)
	B408	摩訶般若波羅蜜經 (中品般若) (全套三冊)
天台系列	T302	摩訶止觀
	T303	無量義經 (中摺本)
	T304	觀普賢菩薩行法經 (中摺本)
部派論典系列	S901A	阿毘達磨法蘊足論
	Q704	阿毗達磨俱舍論 (全套二冊)
	S903	法句經 (古譯本) (中摺本)
瑜伽唯識系列	U801	瑜伽師地論 (全套四冊)
	U802A	大乘阿毗達磨集論
	B803	成唯識論
	B804A	大乘百法明門論解疏
	B805	攝大乘論暨隨錄
憨山大師系列	HA01	楞嚴經通議 (全套二冊)

方廣文化出版品目錄〈四〉

密宗系列

M001　菩提道次第略論釋 (全套四冊)
M002　勝集密教王五次第論
M003　入中論釋
M004　大乘寶要義論(諸經要集)
M006　菩提道次第略論
M007　寂天菩薩全集
M008　菩提道次第廣論
M010　菩提道次第修法筆記
M011　白度母修法(延壽法門修法講解)
M012A 中陰–死亡時刻的解脫
M018　菩提道次第廣論集註 (卷一～卷十三)
M019　佛教的本質–《佛教哲學與大手印導引》
M020　業的力量–(與死亡的恐懼共處)

能海上師系列

N601 般若波羅蜜多教授現證莊嚴論名句頌解
N602 菩提道次第論科頌講記
N345 戒定慧基本三學
N606 能海上師傳
N607 現證莊嚴論清涼記
N608 菩提道次第心論

論頌系列

L101 四部論頌(釋量論頌 現證莊嚴論頌 入中論頌 俱舍論頌)
L102 中觀論頌 (中摺本)
L103 入菩薩行論頌 (中摺本)
L104A 彌勒菩薩五部論頌
L105A 龍樹菩薩論頌集
L106 中觀論頌釋
R001 入中論頌 (小摺本)

方廣文化出版品目錄〈五〉

南傳佛教系列

SE05 七種覺悟的因素
SE06 南傳大念處經 (中摺本)
SE07 三十七道品導引手冊 (阿羅漢的足跡增訂版)
SE08 內觀基礎 《從身體中了悟解脫的真相》
SE09 緬甸禪坐 《究竟的止觀之道》(增訂版)

其他系列

Q701 單老居士文集
Q702 肇論講義
Q703B 影 塵-倓虛老法師回憶錄
Q705 佛學小辭典 (隨身版)
ZA01 參 禪《虛雲老和尚禪七開示》
ZA02 禪淨雙修《虛雲老和尚開示錄》
Z005《禪宗公案》-李潤生著

方廣文化事業有限公司
http://www.fangoan.com.tw